평화의 힘

문재인 정부의 용기와
평화 프로세스에 관한 기록

평
화
의

힘

최종건 지음

메디치

프롤로그

가장 어두운 새벽, 여명

학교로 돌아가면 책을 써야겠다고 생각했던 적은 없다. 외교안보 현장은 늘 날카로웠다. 작두 위에 서 있는 듯했다. 현장 경험이 일천한 학자 출신이 다른 생각을 할 여유도 없었다. 정신과 몸은 늘 긴장 속에 있었고, 굳은 표정으로 문재인 대통령의 비서관으로 37개월, 외교부 1차관으로 21개월을 살았다. 내 운명이었다.

나는 여러 현장에 있었다. 학자로서 축복을 받았다고 생각한다. 지금은 연세대학교로 돌아와 학생들에게 강의하고 연구하는 본업에 최선을 다하려고 노력 중이다. 학생들도 나를 찾아 줘서 고맙다. 연구하고 가르치는 일로 돌아오니 행복하다.

문 대통령과 그의 외교안보라인은 한반도의 평화를 만들기 위한 노력을 멈추지 않았다. 한반도의 긴장 국면을 대화 국면으로 전환해 평화 프로세스를 가동했고, 국방력과 보훈정책을 획기적으로 개선했다. 국민과 함께 코로나19를 극복하는 데 한 치의 틈을 허용하지 않았다.

그러나 윤석열 정부 첫 해, 문재인 정부의 외교안보 인사들은 사법의 칼날 위에서 난도질을 당하기 시작했다. 검찰의 압수수색을 받았고, 감사원과 검찰로 불려 나갔다. 곧 검찰은 한반도 평화를 만들기 위해 노력했던 사람들을 기소하고 재판에 회부했다. 윤석열 정부와 여당은 문재인 정부의 평화 프로세스가 '가짜 평화'라며 무차별적 비판을 쏟아냈다. 언론의 질타도 임기 때와 마찬가지로 계속됐다.

괴롭다. 그들이 겪고 있는 심리적·법적·재정적 어려움에 마음이 아프다. 우리가 노력했던 시간들이 송두리째 부정되도록 가만히 있을 수 없었다. 문재인 정부가 지향했던 평화가 무엇이었고 무엇을 실제로 이행했는지에 관한 내 관찰과 기억과 관점을 세상에 내놓아야겠다고 결심했다. 나는 문재인 정부의 유일한 학자 출신 안보실 비서관이자 외교1차관이었으므로 기록의 의무가 있다고 생각한다. 이 또한 내 운명이다.

학교로 복직하고 보니 문재인 정부의 한반도 평화정책을 위한 치열한 노력과 성공 그리고 좌절에 관한 기록이 부족하다는 사실을 알게 됐다. 내 관찰과 기록은 나만의 사유재산이 아니다. 공공의 재산으로 환원되어야 한다. 내가 참여했던 평화 프로세스를 기록으로 남기는 일은 학자로서의 소명일 것이다. 그것이 이 책을 쓰기로 결심한 이유다.

미리 양해를 구한다. 이 책에는 비사도 없고 '쇼킹'한 고백도 없다. 아직 비밀 유지가 요구되는 사안들을 세상에 공개할 수는 없다. 비밀스러운 일들과 기록들은 그 유효기간이 지나면 세상에 내놓을 것이다. 많은 사람이 아직 현직에 있다. 그들에게 온당한 처사가 아니다. 내게는 아직 지나간 일들에 관한 보안을 지켜야 할 프로다운 의무가 있다.

이 책은 공개된 사건과 문건, 합의문과 보도 내용 등을 활용해 집필했고, 평화를 만들기 위한 그간의 노력과 함께 현장에 있었던 비서관으로서의 내 관점과 생각을 담았다. 현장의 에피소드들을 모아 놓기는 했으나, 담백한 글을 쓰기 위해 노력했다.

안보 환경이 너무 척박해 한반도의 전쟁을 걱정해야 했던 2017년 여름과 청와대에서 평화를 만들기 위해 노력했던 시간들을 더 명확히 규명하기 위해 이 책에서는 평화 프로세스를 주로 다루었다. 잘 읽히기 바라는 마음으로 써 내려간 문재인 정부의 외교안보 수필집이라고 생각해 준다면 좋겠다.

'평화란 무엇인가?', '왜 평화가 한반도에 중요한가?', 그리고 '평화 프로세스란 우리에게 무엇이어야 하는가?' 등의 질문을 던지면서 여러 정책과 그 이행 과정을 재조명했다. 역사란 발생한 일들의 기록일 뿐만 아니라 발생하지 않은 일들, 합의하지 못한 합의문들, 그와 함께 좌절된 꿈들, 그럼에도 불구하고 용기를 내어 결단했던 순간들, 언젠가는 다시 꺼내어 활용해야 할 아이디어들의 총합일 것이다. 이 책은 그런 책이다.

현장에 있었던 여러 사람에게 지난 5년은 의미 있는 진전을 만들어야 한다는 긴장감 속에 살아야 했던 시기였다. 우리는 용기 있게 뚜벅뚜벅 나아가기 위해 쉬지 않았다. 깊은 밤, 직원들이 모두 퇴근한 청와대 여민3관 비서관실에서 쓰다 지우다를 반복한 여러 문서들, 군사합의가 타결됐던 새벽의 긴장감과 안도감, 안보실장과 대통령께 올린 보고들, 백화원 초대소 남북정상회담장과 우리 대표단 본부CP 사이를 뛰어다니며 평양공동선언 초본을 수정했던 손 떨림, 삼지연에서 서울로 돌아오는 대통령 전용기 안의 고요함, 백악관에서 마주한 미국 측 인사들과 벌였던 설전들. 지금 생각하면 분단 이후 가장 평화로운 한반도를 만들기 위해 살얼음판을 걸어가듯 조심조심했던 시절이었다.

청와대로 출근했던 여름, 경복궁역에 도착하는 새벽녘에는 광화문 너머로 해가 뜨기 시작하곤 했다. 집을 나서는 길은 늘 어두웠지만, 청와대 인근에 도착하면 비로소 해가 떴다. 해가 뜨는 그 순간, 광화문 처마 사이로 태양빛이 쫙 비칠 때면 황홀했다. 가장 어두운 밤은 새벽과 맞닿아 있다는 생각이 들었다. 해가 뜨기 직전과 해가 뜬 직후에 어둠과 밝음이 교차하는 그 시간, 그것을 여명黎明이라고 한다.

평화의 힘

2017년의 한반도는 매우 불안했다. 아무것도 할 수 없다는 무력감에서 벗어나는 것이 중요했다. 오로지 여명의 순간을 포착해서 한반도에 평화를 만들기 위해 대통령부터 모두가 용기를 잃지 않고 치열한 시간을 살았다. 한반도에 살고 있는 우리의 온전한 일상을 보장하는 평화를 만들기 위해 어둠을 뚜벅뚜벅 헤쳐 나갔던 시간이었다.

2023년, 우리는 다시 어둠 속으로 들어가고 있는지도 모르겠다. 다시금 여명의 순간을 기다려야 하는 시간이 앞에 놓여 있는 듯하다.

《평화의 힘》은 한반도의 평화를 위해 분단의 적대적 원한을 해소하려 했고, 또 다시 전쟁은 안 된다고 외쳤던 문재인 정부의 용기에 관한 서사를 담은 기록집이다. 한편으로 지금 우리는 얼마나 용기를 갖고 있는지 질문하는 책이기도 하다.

연세대학교 정치외교학과 교수님들은 내 공직휴직을 5년간 허가해 줬다. 어린 시절부터 함께한 염창동 친구들도 내게 큰 힘이 됐다. 제자들의 응원도 큰 힘이 됐다. 이 책의 출판은 김현종 메디치미디어 대표님과 배소라 출판콘텐츠실장님의 기다림이 없었다면 불가능했다. 감사드린다.

문정인 교수님은 세상을 바라보는 사회과학자의 시각과 문제의식을 가르쳐 주셨다. 교수님은 내게 학문적으로 엄격했지만, 치열한 학문토론과 정책논쟁의 시간을 허락하셨다. 김기정 교수님은 역사의 주요 맥락 속에서 시대정신을 읽어 내야 한다는 긴장감을 강조하셨다. 이 두 분과의 인연은 지난 세기부터 시작됐다. 두 스승은 내가 그냥 학교에 남아 있기를 원했다. 내 공직휴직은 오로지 내가 내린 결정이었다. 연정라인은 없다.

공직의 현장에서는 청와대와 외교부에서 정의용 장관님과 가장 많은 시간을 보냈다. 정 장관님은 현장의 스승이었다. 그는 일에 관해서는 엄격했지만, 삶에 관해서는 자상했다. 현장에서 모든 것에 정성을 기울이는 정 장관님을 보며 많이 배웠다. 서훈 실장님은 신중함이 무엇이어야 하는지, 협상의 기본이 무엇이어야 하는지 늘 생각하게 했다. 임종석 비서실장님은 부드럽지만 끈기 있는 지도력이 무엇인지 보여 줬다. 이 세 분에게서 나는 애국의 마음을 배웠다.

문재인 대통령님께서는 내게 신뢰와 함께 기회를 주셨다. 대통령 내외분께서 개마고원 등반을 하실 날이 오기를 기원한다.

5년 동안 내 가족들은 나 때문에 어려운 시간을 보냈다. 부모님은 교수직을 중단하고 정부에서 일하는 아들이 불안하셨을 것이다. 군에서 병역의무를 수행하고 있는 아들과 그 또래들에게 평화로운 한반도를 만들어 주지 못해 미안하다.

아내의 고생이 제일 심했다. 5년간 가장 역할을 하면서 아들의 대학입시를 치러 냈고, 자신의 커리어를 키워 가며 나를 옆에서 보살폈다. 아내는 나보다 더 훌륭한 사람이다. 내 가족들이 나를 지켜 줬다고 믿는다. 참으로 감사하다.

이 책의 내용 모두는 내가 짊어져야 할 내 책임이다.

2023년 6월

연희관 연구실에서

최종건

한반도 문제는 우리가 주도적으로 해결해야 합니다.
정부 원칙은 확고합니다.
대한민국 국익이 최우선이고 정의입니다.
한반도에서 또다시 전쟁은 안 됩니다.
한반도에서의 군사행동은 대한민국만이 결정할 수 있고,
누구도 동의 없이 군사행동을 결정할 수 없습니다.
정부는 모든 것을 걸고 전쟁만은 막을 것입니다.

—2017년 8월15일, 문재인 대통령 제72주년 광복절 경축사 중에서

Chapter 1

문재인 정부 5년,
한반도
평화 프로세스

01

전쟁과 평화

온전한 일상을 위한
평화

어두운 밤 청와대 여민3관 안보실 옥상에서 바라본 경복궁의 뒷모습과 세종로의 현대식 건물들의 실루엣은 참으로 신비로웠다. 보통 우리는 광화문에서 근정전으로 이어지는 경복궁의 앞모습을 본다. 그런데 그 뒷모습을, 그것도 어두운 밤에 청와대 건물 옥상에서 바라보면 서울이라는 도시의 역사성을 느낄 수 있다.

하지만 야심한 밤에 옥상에 올라 아무나 볼 수 없는 서울의 야경을 바라보고 있을 때는 일이 잘 안 되고 있거나, 아니면 북한이 미사일을 발사해 그 상황을 지하벙커에서 대응하고 난 후 심란한 마음과 '다음은 어떻게 해야 하지?'라는 생각이 가득한 경우였다. 2017년 여름과 가을에는 자주 여민3관 옥상에 서서 '이러다 전쟁이 나는 것 아닌가?'라는 걱정으로 매우 심란했던 기억이 가득하다.

평화의 힘

2017년의 한반도는 기나긴 적대적 분단이 최고조의 군사적 긴장으로 나타난 안보 위기의 시기였다. 촛불혁명으로 박근혜 대통령이 탄핵되면서 보궐선거로 당선된 문재인 대통령과 그 정부는 안보 위기를 평화적으로 해결하기 위해 총력을 기울여야만 했다. 당시 미국과 북한은 충돌을 향해 가는 전쟁 프로세스를 시작하려 했다. 문재인 정부는 전쟁 프로세스를 멈추게 하고 평화 프로세스로 전환시켜야 하는 시간과 마주 서 있었다.

안보학에서는 일반적으로 국가 간 반목과 긴장의 관계가 지속되어 무력 분쟁을 통제하지 못하면 전면전으로 확대되고 전쟁으로 이어진다고 가르친다. 양국 관계에서 정치적 긴장이 높아지면 분쟁을 통제할 수 있는 대화와 협상의 역량은 감소한다. 양측이 어렵게 협상 테이블에 마주 앉아 분쟁을 해결하려고 노력한다 해도 불신과 오해가 너무 커서 실패할 가능성이 높다. 오히려 지속되는 정치적 긴장이 상호 반목과 증오를 키워 나쁜 관계를 더욱 나쁘게 할 뿐이다. 점점 증가하는 상호 비방과 비난 또한 기존의 악화된 관계를 더욱 악화시킨다. 제3자의 중재마저 없다면, 상호 간 군사적 긴장감은 계속 높아진다.

이때 어느 한 국가가 군사적 역량을 증가하거나 군비를 증가한다면, 다른 국가는 이런 움직임을 공세적 의도로 인식할 것이다. 따라서 상호 오해와 원한은 더욱 고착된다. 서로 의도하지 않았다고 하더라도 작은 군사적 충돌이 전면전으로 이어질 수 있다. 물론 일방적으로 상대 국가를 정복하기 위해 전면전을 감행할 때도 있다. 어쨌든 전쟁은 결국 원한이 증폭되면서 오인과 오해 때문에 발생한다. 국가의 군사력을 총동원한 전투를 지속하고 확전이 되면 전쟁이 발발했다고 할 수 있다.

"전쟁의 반대말이 뭐예요?"라고 묻는다면 "평화요."라고 사람들은 답할 것이다. "평화의 반대말은 뭐예요?"라고 하면 그 답은 당연히 "전쟁이요."일 것이다. 전쟁과 평화는 서로의 성격을 규정하는 반대말이다.

평화는 추상적으로 느껴질 수 있다. 하지만 전쟁은 일상을 살고 있는 평범한 사람들의 삶에 직접 영향을 미친다. 현재 우크라이나에서 벌어지고 있는 러시아의 침공과 우크라이나의 방어는 전쟁이다. 전쟁이 일어나면 미사일, 전투기, 드론이 날아다니고, 탱크가 진격하며, 폭격이 발생하고, 총성이 울리며, 건물이 붕괴되고, 군인과 민간인이 죽거나 다친다. 유엔에 의하면, 2023년 1월 23일 기준 러시아가 우크라이나를 침공한 지난 1년간 7,068명의 우크라이나 민간인이 사망했다고 한다. 그중 438명이 어린이 사망자다. 11,415명이 부상당했고, 1,700여만 명의 우크라이나 국민이 고국을 떠나 난민이 됐다.

전쟁은 공포이자 죽음이며 시민의 일상이 붕괴되는 처절한 현장이다. 전쟁이 얼마나 우크라이나 국민의 삶을 물리적으로 파괴하고 있는지를 보면, 평화의 중요성을 강조하는 일만큼 현실적인 대처 방안은 없다는 사실을 깨닫게 된다.

국제정치학에서는 평화를 국제정치에서 적대감이나 갈등이 부재해 전쟁이 발생하지 않는 상태로 정의한다. 국가들 간의 조약과 협정을 준수하고 협력과 연대의 신뢰 관계를 강화할수록 잘 유지되는 정치적 상황이다. 하지만 이 평화의 성격은 '전쟁이 발생하지 않는 상태에 도달하는 방법'에 따라 달라진다. 강자가 약자의 자유 의지를 억압한 상태를 평화라고 할 수 있을까? 폭력으로 달성한 전쟁의 부재는 강자만의 평화일 뿐, 약자에게는 압제다. 제국주의적 식민시대가 그랬다. 전 세계가 미소 양 진영으로 분열해 핵전쟁의 공포 속에서 45년을 살았던 냉전 시기를 평화의 시대라고 하지 않는다. 단지 핵전쟁이 발생하지 않았던 기간이었을 뿐이다.

이와 반대로, 국가 간 폭력의 원인을 제거하고 갈등을 예방하고자 하는 공동의 목표가 있을 때, 평화는 지속 가능하고 안정적이 된다. 대립하는 양 진영이 인내심을 갖고 협상을 통해 서로의 군사력을 국경으로부터 후퇴하거나, 군대의 이동과 훈련을 미리 통보하고, 사회·경제적 교류를 통해 신뢰를 축적하는 평화가 아마도 '냉전'이나 '억압된 평화'보다 더 건강한 평화가 아닐까?

평화는 시민의 안전과 그로 인해 보장되는 온전한 일상에 필수적 환경을 제공한다. 평화가 반드시 경제적 번영과 정치적 진보를 보장하지는 않지만, 평화 없이는 경제와 민주주의, 정의가 진보할 수 없다. 전쟁은 이 모든 것을 파괴할 뿐이다. 평화는 전쟁의 원한을 치유할 공간을 제공하고, 공동의 번영을 향해 전진하는 길을 열어 준다.

지속적 갈등과 반목, 군사적 긴장은 전쟁을 잉태한다. 군사적 긴장이 계속되는 상황에는 언제든지 전쟁으로 전이될 수 있는 불안정한 구조가 존재한다. 그런 구조 속에서 사는 시민들은 심리적으로 불안정한 상태에 처하게 된다. 평화롭지 않은 상황은 시민의 온전한 일상을 괴롭힌다.

6·25 전쟁과 원한

1953년 7월 27일 정전협정 체결 이후 한반도에서 6·25 전쟁과 같이 남과 북이 서로 군사력을 총동원한 전면전은 발생하지 않았다. 그러나 2020년에 출간된 《국방백서》에서는 6·25 전쟁 이후 2017년까지 남북 간 무력 충돌이 비무장지대를 중심으로 약 3,120회가 있었다고 밝힌 바 있다. 여기에 양측의 군비 증강과 북측의 핵개발 등까지 고려하면 한반도가 '평화로웠다.'라고 정의하기는 어려워 보인다.

우리는 아직 6·25 전쟁의 상처를 극복하지 못했다. 이산의 고통은 여전히 남아 있고, 남북관계가 악화일로로 치달으면 전쟁이 발생하지 않을까 하는 걱정이 생기기도 한다. 2017년 6월 23일 '6·25 한국전쟁 67주년 기념사'를 통해 문재인 대통령은

"6·25 한국전쟁은 아픈 역사"라며 그 이유를 다음과 같이 규정
했다.

> 한반도 땅 대부분이 전쟁의 참상을 겪었고, 수백만 명에 이르는
> 사람이 목숨을 잃거나 부상을 당했습니다. 온 국민의 노력으로
> 폐허가 됐던 국토는 복구됐지만, 우리의 마음은 다 회복되지 못
> 했습니다. 분단의 상처와 이산가족의 아픔은 오늘도 계속되고 있
> 습니다. 서로를 향해 겨누었던 총부리는 아직도 원한으로 남아
> 있습니다. 아무리 세월이 흘렀다 한들 가족을 잃고, 전우를 잃고,
> 고향을 잃은 아픔이 쉽사리 씻기기는 어려울 것입니다.

광복과 함께 찾아온 분단은 고단한 식민시대를 살아 온 우리
민족에게서 독립국가의 기회를 박탈했다. 그리고 6·25 전쟁은
분단된 국민의 일상을 전쟁에 밀어 넣고 치유할 수 없는 상처를
줬으며, 분단을 적대적으로 고착시켰다. 게다가 심리적으로 북
한을 향한 원한이 우리 마음 한구석에 깊이 자리하게 했다. 결국
멈춰진 전쟁은 원한만 남겼다.

분단 70년이 지난 지금까지도 이 상처는 우리의 대북정책에
한줄기 아픔으로 남아 있으며, 증오와 한은 날카로운 비수가 되
어 있는 것이 현실이다. 고향을 잃은 슬픔, 가족을 만날 수 없는
무력감, 기약 없는 남북통일에 대한 상실감은 쉽사리 사라지지

않을 것이다. 이 무력감은 오로지 평화적 방법으로 한반도의 평화를 만들어 갈 때 극복할 수 있다. 전쟁의 상처는 평화로 치유해야 한다. 전쟁으로는 원한을 치유할 수 없다.

평화는 튼튼한 국방력이 전제가 되어야 한다. 국방력은 평화를 향한 여정의 중요한 기반이지만 국방력만으로는 부족하다. 상대방과 어떤 관계를 맺는지 또한 중요하다. 평화를 원한다면서 국방력만 강화한다면, 적대적 관계를 고착화하는 악순환을 만들게 될 것이다. 따라서 이 적대적 관계를 전환하는 대화와 설득, 외교적 접근법이 국방력만큼 중요하다. 대화와 협력을 통해 평화를 만드는 과정은 많은 우여곡절과 어려움에 직면할 수 있다. 그러나 이 방법으로 만든 평화는 온전하고 지속 가능한 일상을 모두에게 제공해 줄 것이다.

한반도는 우리 민족이 살고 있는 공간이며 앞으로 살아가야 할 공간이기도 하다. 우리는 이곳에서 평화롭게 살 권리가 있다. 한반도 평화의 최종 소비자는 대한민국의 국민이다. 누구든 자신의 삶을 온전히 추구할 수 있도록 한반도는 평화로워야 한다.

또한 그렇게 만들어야 할 책임도 있다. 평화로운 한반도를 만드는 일은 헌법이 대한민국 대통령과 정부에 부여한 '헌법적 책무'이기도 하다. 대한민국 정부는 궁극적으로 한반도의 평화를 실현해야 한다. 한반도에서 무력을 사용하는 것은 바로 전 세계를 향해 무력을 사용하는 것과 마찬가지가 되도록 해야 한다. 그런 관점에서 문재인 정부 5년은 "우리가 살고 있는 한반도는 평화로운가?", "우리는 어떤 평화를 만들어야 하는가?", "어떤 평화가 시민의 일상에 가장 도움이 될까?" 등과 같은 가장 기본적인 질문들에 대해 정부 차원에서 고민을 가장 깊게 했고, 실제로 그 질문들의 답과 실행 방안을 찾아 이행했던 시기였다.

한반도의 평화 구축은 우리가 갖고 있는 적대적 분단에 따른 과거의 원한과 전쟁 발생에 대한 불안감을 극복할 유일한 방법이다. 가장 이상적인 평화는 국민을 위한 항구적 평화여야 한다. 이는 진보 진영만의 사안이 아니며, 대한민국 정부의 변함없는 정책 방향이어야 한다.

02

평화를 원하거든
전쟁을 준비하라?

정말 평화를
원한다면

　　"평화를 원하거든 전쟁을 준비하라." 기원
전 4세기 로마의 병법가 플라비우스 베게티우스 레나투스가 저
술한 《군사학논고De Re Militari》에 나오는 말이다. 평화란 국방력
없이 불가능하며, 항상 전쟁에 대비해야 한다는 뜻이다. 전쟁과
같은 최악의 상황을 염두에 두고 국가의 역량을 평화의 시기에
투입하라는 조언이기도 하다.

　우리나라 정치인들은 이 말을 종종 인용한다. 김영삼 대통령
은 1995년 국군의 날 기념연설에서 "평화를 원하거든 전쟁에 대
비하라."라는 격언을 활용해 국민의 투철한 안보의식과 정예화
한 국군의 중요성을 강조했다. 이명박 대통령은 2010년 마지막
주례 라디오 연설에서 "무력 도발에 대한 강력한 대응만이 도리
어 전쟁을 억제하고 평화를 지킬 수 있다는 사실"을 강조하며 힘
에 의한 평화를 주문했다.

평화의 힘

박근혜 대통령은 2015년 6월 전군주요지휘관 오찬연설에서 "한반도 통일 시대를 후손들에게 물려주기 위해 압도적 전쟁 억지력을 유지하며 한반도 평화를 지켜 나가야 한다."라며 군사적 억지력의 중요성을 강조한 바 있다. 2022년 2월 25일 윤석열 당시 대선후보는 대선토론에서 "평화를 원하거든 전쟁을 준비하라고 했다."라며 "전쟁을 막기 위해서, 전쟁을 억제하기 위해서, 우리 청년들이 죽어 나가지 않게 하기 위해서 이렇게 하는 것"이라고 평화를 위한 전쟁준비론의 당위성을 주장했다. 그는 당선 후에도 다시 한번 "평화를 얻기 위해 압도적으로 우월한 전쟁 준비를 해야 한다."라고 역설했다.

전투태세의 중요성을 강조하는 이런 발언들은 전쟁도 불사하겠다는 굳건한 자세를 유지하고 있을 때 다른 국가가 감히 나를 침략하지 못한다는 신념에 근거한다. 강자만이 생존하는 정글과도 같은 국제정치에는 선과 악도 없는 만큼 늘 전쟁을 대비해야 한다는 뜻이다. 평화는 힘으로 유지된다는 세계관이다. 북한을 대할 때도 결연한 의지로 국방력을 압도적으로 강화해야 평화가 실현된다는 논리다.

그렇다면 고대 로마의 상황은 어땠을까? 고대 로마는 여러 전쟁에서 승전을 기록하며 역사상 최대 제국을 건설했다. 그러나 아이러니하게도 평화를 위한 전쟁 준비는 전쟁의 일상화로 이어졌고, 수많은 인명 피해와 경제적 손실을 감수해야 했다. 그

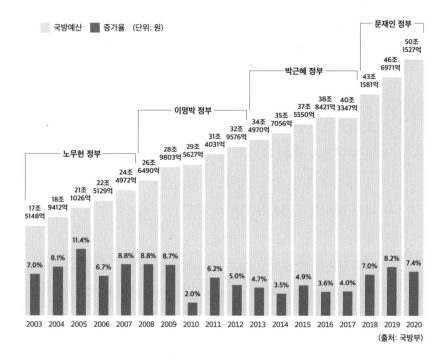

노무현, 이명박, 박근혜, 문재인 정부의 기간별 연평균 국방예산 증가율 비교

국방예산 ■ 증가율 (단위: 원)

(출처: 국방부)

비용을 회복하는 길은 오로지 확장과 팽창이었다. 결국 천문학적 전쟁 비용을 감당하지 못한 로마는 국가 부도 사태에 내몰렸고, '외세 용병'들에게 몰락하고 말았다.

또 다른 아이러니는 우리나라의 사례다. 압도적 대북 응징과 힘을 통한 평화를 강조했고, 때로는 통일대박론까지 띄웠던 보수정부 시기에 국방예산 증가율은 오히려 감소했다. 노무현 정부 시절 국방예산은 연평균 8.9% 늘어난 데 비해, 이명박 정부는 6.1%, 박근혜 정부는 4.1% 증가에 그쳤다. 하지만 문재인 정부는 이를 6.3%로 반등시켰다. 무기체계를 구입하거나 개발하는 데 사용하는 방위력개선비는 노무현 정부 시절 연평균 6%를 기록했다가 이명박 정부 시절에 5.8%, 박근혜 정부 시절에 4.6%로 점차 감소했다. 문재인 정부는 이를 6.5%로 증가시키며 최대치를 기록했다. 평화를 강조하며 북한과 대화에 나섰던 노무현·문재인 정부 시기에 국방비는 더 증가했고, 국방력은 더 강화됐다. 결연한 의지가 어느 시기에 더 명확했는지는 여러분이 판단할 수 있을 것이다.

안보 딜레마

평화를 원하는데 전쟁을 준비하라? 이율배반적인 이 발언을 논리적으로 따져 보자. 여기에 전쟁보다 평화를 선호하는 A라는 국가가 있다. 국가 A에는 상대국을 먼저 침략하거나 전쟁을 선포할 의도가 전혀 없다. 단, 상대국이 자신을 공격하면 방어하고 격퇴한다는 방어적 의지는 갖고 있다. 국가 A에게 전쟁이란 다른 국가가 시작한 전쟁을 뜻한다. 국가 A에게 '만약'이란 다른 국가로부터의 침략을 의미한다. 따라서 이 '만약'을 대비하기 위해 국가 A는 군대를 양성하고 무기를 비축하고 군비를 증강한다. 이와 동시에 국가 A는 이웃 국가 B에게 자신의 행동은 방어적이며, 먼저 공격할 의도는 없다고 말한다.

국가 B도 방어적 입장이지만, '만약'을 준비해야 하는 사정은 국가 A와 같다. 국가 A가 만약의 상황에 대비하기 위해 전쟁을 준비하는 상황에서 '국가 A가 자신의 의도가 방어적이라고 하니 나를 공격하지는 않겠구나.'라고 믿을 이유가 없다. 국가 A의 의도가 정말 평화적이라면, "왜 전쟁을 준비하는가?"라고 반문할 것이다.

마찬가지로 국가 B도 국가 A를 공격할 의도가 없다. 평화를 선호하기 때문이다. 하지만 국가 B도 똑같이 만약의 상황인 전쟁에 대비하기 위해 군비를 증강하고 군대를 훈련시킨다. 이를 본 국가 A는 국가 B가 방어적이 아니라 공세적이라 인식할 것이다. 국가 B가 방어적이라고 하면서 군비를 증강하는 모습에 의구심을 갖게 되고, 자국의 군비를 더욱 증강할 것이다. 결국 양측은 군비를 서로 경쟁하듯이 늘리고, 서로의 의도에 대한 불신은 커진다. 그리고 양국의 관계는 적대적으로 변화할 가능성이 높아진다.

평화를 원하는 두 국가가 자국의 안보를 강화하기 위해 군비를 방어적으로 증가한 결과가 상대방에게 위협적으로 인식되고, 서로 군비 경쟁Arms Race에 돌입하게 된다. 이러면서 무력 충돌의 가능성은 커지고, 의도치 않게 평화보다는 전쟁에 더 다가선다. 양측의 군비 증강과 오인 때문에 전쟁 가능성은 더 높아지고 결국 두 국가의 안보는 오히려 취약해진다.

안보학에서는 이런 현상을 안보 딜레마Security Dilemma라고 한다. "평화를 원하면 전쟁을 준비하라."라는 명제는 아이러니하게도 전쟁을 촉발하게 된다. 자국의 안보를 강화하기 위한 방어적 국방력 향상이 의도와 다르게 안보가 취약해지는 딜레마 상황으로 변질된다. 결론적으로 이는 평화 프로세스가 아니라 전쟁 프로세스에 관한 개념이다.

그래서 "평화를 원하면 전쟁을 준비하라."라는 말보다는 "평화를 원하면 평화를 준비하라."라는 명제가 논리적으로 더 설득력이 있다. 물론 어떤 평화를 준비하는가에 따라 무슨 일을 해야 하는가는 달라질 수 있다. 하지만 상호 간의 군비 경쟁 때문에 불안한 평화보다 안정적 평화가 더 이상적이고 이성적이라고 할 수 있다.

물론 현실 세계에서 국방력은 유지해야 한다. 상황에 따라 군비는 증강할 필요도 있다. 중요한 점은 상대 국가와 어떤 관계를 맺고 있는가다. 영국과 프랑스가 보유한 500여 발의 핵무기는 독일과 유럽 국가들에 위협으로 인식되지 않는다. 이들 국가가 서로 매우 우호적이고 협력적인 관계를 맺고 있기 때문이다. 안보 딜레마의 관계와 달리 안보공동체Security Community가 형성되면 한 국가의 국방력은 공공재로 인식된다. 즉, 프랑스와 영국의 핵무기는 유럽 국가들의 공공재가 되는 셈이다.

적대적 분단을
안정된 분단으로

한반도의 분단 구조는 안보 딜레마의 전형이다. 한반도에 적대적으로 고착한 분단이라는 구조 속에서 남과 북의 무장과 군비 증강은 정당하고 이성적인 '국가안보' 행위라고 설명할 수 있다. 이와 동시에 적대적 분단 때문에 서로의 선제공격을 억지하는 행위를 침략적·위협적 행위로 인식할 수밖에 없다.

북한은 우리의 한미연합훈련을 공세적이며 위협적으로 인식하고 실제로 그렇게 발언한다. 침략연습이라 한다. 그러나 우리는 한미연합훈련을 정례적이며 방어적이라고 규정한다. 북한의 핵과 미사일 개발도 마찬가지다. 북한은 자신의 핵개발과 미사일 개발이 미국의 '침공'을 억지하기 위한 최소한의 무기체계라고 주장한다. 이는 핵은 핵으로 막겠다는 핵억지론에 근거한다. 그러나 우리는 북한의 핵과 미사일 개발이 국제법을 위반했을 뿐만 아니라, 우리의 생존을 위협하는 공세적 무기로 인식한다.

북한은 우리의 군비 증강, 특히 스텔스 전투기 등의 최첨단 무기 도입을 공세적으로 인식하며 매우 강도 높게 비난한다. 무기와 군비 증강이라는 정책 그 자체보다 남북 간의 고질적인 적대적 분단으로 인한 상호 위협 인식, 불신과 오해 때문에 서로의 방어적 군비 증강이 공세적으로 읽히는 전형적인 안보 딜레마 상황이다.

이런 적대적 분단 구조를 평화롭고 안정된 분단으로 전환하고자 했던 노력이 분명 존재했다. 노태우 정부의 북방정책과 대북정책은 남북기본합의서, 한반도 비핵화선언의 결실로 이어졌다. 김대중 정부는 대북포용정책을 추진해 휴전 이후 최초의 남북정상회담이라는 성과를 이루었다. 남과 북의 정상이 마주 앉아 한반도의 미래를 함께 설계할 수 있음을 확인한 계기였다. 한반도 평화 프로세스의 시작이라고 할 수 있다.

노무현 정부 또한 김대중 정부의 대북정책을 계승해 대북관여 정책을 펼쳤다. 특히 노무현 정부 시기는 남과 북의 무력 충돌은 물론 사상자가 없었던 시기다. 김대중 정부가 시작했던 금강산 관광이 활성화됐고, 개성공단에서 남과 북이 함께 생산 활동을 했다. 평화의 과정을 만들기 위해 북한과 협상하고 대화했던 시기였고, 평화는 더 현실화된 모습을 띠게 됐다.

여기서 중요한 점은 대한민국이 한반도 평화 구축의 주도권을 쥐고 있어야 하며, 우리가 먼저 북한에 대화와 협상을 끈질기게 요구해야 한다는 것이다. 왜 우리가 먼저 북한에 대화의 문을 열어줘야 하는가? 왜 우리가 먼저 북한에게 다가가야 하는가? 대한민국은 북한보다 도덕적으로나 경제적으로나 정치적으로나 우월할 뿐 아니라 강력하며 보편적인 민주주의 체제를 유지하고 있다. 또한 우리는 한반도 문제의 직접적 당사국이다. 당사국이 움직이지 않으면, 아무도 움직이지 않는다. 그러면 한반도 문제는 더 깊고 어두운 수렁에 빠진다. 우리는 그 수렁 속에서 한반도의 불안정을 짊어져야 한다. 그러니 우리가 북에 먼저 다가가야 하는 이유는 대한민국의 국익을 지키기 위함이다.

6·25 전쟁의 비극과 그 이후 우리가 겪었던 분단의 고통을 더 빨리 덜기 위해서라도 우리가 주도적 역할을 해야 하지 않겠는가? 전쟁의 참혹함을 경험한 우리에게 평화보다 더 귀중한 가치는 없다. 오래된 원한 역시 풀어야 하지 않겠는가? 평화와 번영의 한반도를 만들 책임은 대한민국에 있다.

누구도 한반도에서 대한민국의 사전 동의와 허가 없이 군사적 행동을 할 수 없어야 한다. 다시금 우리의 의지와 무관하게 외세가 만든 변화를 소비할 수 없다. 북한과 진지하고 끈기 있는 협상을 통해 한반도의 비핵화를 달성해야 한다.

한반도 비핵화는 한반도의 적극적 평화인 항구적 평화체제를 구축하기 위한 중요한 과정이다. 한반도의 운명은 남과 북이 결정해야 한다. 대한민국이 주도해야 한다. 이와 동시에 미국은 물론 주변국과 적극적으로 협력해야 한다. 평화롭고 안전한 한반도의 항구적 평화를 위해 뚜벅뚜벅 나아가야 할 것이다.

평화의 힘

03

소극적·적극적 평화와
평화 프로세스

소극적 평화

　　세계적인 평화학자 요한 갈퉁Johan Galtung은 두 가지 평화가 있다고 주장한다. 첫 번째는 소극적 평화Passive Peace다. 전쟁이 발생하지 않은 상태를 뜻한다. 국가가 조직적으로 군대를 동원해 상대국에 무력을 행사하는 사건이 발생하지 않는 상황이다. 서로의 군사력이 상호 균형을 이루어서 누구도 선제공격을 할 수 없기 때문에 전쟁은 억제된다. 만약 한쪽이 선제공격을 한다 해도 공격 받은 측이 이를 충분히 체벌할 수 있는 억제력을 보유하고 있으므로 공격할 수 없다.

　불안정한 평화지만, 서로가 확신하는 파괴력(예컨대 상호확증파괴Mutually Assured Destruction) 때문에 전면전은 발생하지 않는다. 냉전 시기 상대국은 물론 전 세계를 파괴할 수 있는 핵무기를 보유한 미국과 소련의 관계가 그러했다. 냉전 이후에는 소극적 평화의 전형적 사례로 남아 있는 곳이 바로 우리 한반도다.

　한반도는 소극적 평화 상태, 즉 전쟁이 부재한 상황이다. 한반도의 분단 구조는 1945년 분단 이후 6·25 전쟁과 냉전 그리고 탈냉전을 거치면서 고착됐다. 해방은 곧 미국과 소련이 결정한 인위적 분단으로 이어졌고, 그 분단의 인위성은 북한의 남침과 민족 간 전면전으로 이어졌다. 전쟁은 양측 간의 원한과 갈등 구조를 잉태했으며, 냉전 구도와 함께 한반도에서 전쟁이 다시 가능하도록 한 군사적 대결 구도를 더욱 고착했다.

한국과 미국은 강력한 대북억지 동맹을 결성했고, 북한은 이에 대응하기 위해 재래식 군사력뿐만 아니라 핵억지력을 보유하는 정책을 선택했다. 소련과 공산권의 소멸 이후 핵정책은 더 명확해졌다. 따라서 한미와 북한은 사실상 선제공격을 감행하기가 어렵다. 양측이 한반도라는 협소한 공간에서 서로에게 막대한 응징을 할 수 있는 군사력을 보유해 전면전의 부재 상태를 유지하고 있기 때문이다.

이런 상태가 2023년까지 약 70년간 지속되어 왔다. 한반도 정전 상태의 긍정적 변화가 없는 한 소극적 평화는 유지될 것이다. 늘 불안하니, '이러다 전쟁이 나지 않을까? 북한이 쳐들어오면 어떻게 하지?'라는 걱정은 항상 우리 마음속에 있다. 북한도 마찬가지일 것이다. 우리는 안보 딜레마에 갇혀 있다.

적극적 평화

두 번째는 적극적 평화Active Peace다. 소극

적 평화와 달리, 적극적 평화는 전쟁이 발생할 수 있는 요소와 구조가 존재하지 않는 안정적 평화다. 국제관계에서 상호 간의 오해와 불신이 매우 낮거나, 상호 간의 소통이 국제기구나 대화체를 통해 매우 투명하게 이루어진다. 인적·물적 교류가 매우 활발해서 상호 간의 의존도가 높다. 상대국의 경제 성장이 자국의 성장에 긍정적 영향을 미친다.

실제로 적극적 평화는 안보공동체의 성격을 띤다. 전쟁에 대한 거부감이 매우 높아 국가 간 분쟁이 발생해도 그 해결 방식으로 무력은 고려하지 않는다. 국가 간 분쟁을 해결할 제도적 장치가 존재하며, 행위자들은 분쟁이 발생하기 전에 기존의 규범과 규칙 그리고 정책 결정 절차를 준용해 상호 간의 이익과 비용 배분을 조정한다. 구조적으로 전쟁이 발생할 수 없거나, 발생할 수 있는 조건과 변수가 사라진 상황이 지속되어 영구적 평화가 실현될 가능성이 높다. 매우 안정적인 평화다.

매우 이상적이어서 현실에 존재하지 않을 것 같지만, 그렇지 않다. 2차 세계대전부터 유럽은 유럽연합EU, European Union을 진보시켜 유럽의 통합된 정치·경제·사회 질서를 탄생시켰다. 국가와 지역안보 차원에서 북대서양조약기구NATO, North Atlantic Treaty Organization를 안보공동체로 전환했다. 회원국에 대한 외부의 공격은 모든 회원국에 대한 공격으로 간주해 '하나를 위한 전체, 전체를 위한 하나All for One, One for All'라는 집단안보를 구현한다.

양자 관계에서도 독일은 프랑스와 영국의 핵무기 보유를 위협으로 인식하지 않는다. 핀란드. 스웨덴, 노르웨이, 덴마크와 같은 북유럽 국가들은 어느 지역 국가들보다 서로 전쟁을 제일 많이 했다. 그러나 2차 세계대전 이후인 1962년부터 여권연합旅券, Passport Union을 결성해 여권 없이 인적 교류를 해 왔고, 물적 교류가 단일국가만큼 활발하다. 뉴질랜드는 자국의 영공 방어를 이웃나라 호주 공군에 위탁委託, Outsourcing할 정도로 상호 간의 신뢰가 높다. 부탄은 아예 인도에 국방을 위탁했다.

동남아시아 국가연합ASEAN, Association of South East Asian Nations은 회원국 간의 경제 규모와 종교(이슬람교, 불교, 천주교 등)와 정치체제(민주주의, 입헌군주제, 독재, 사회주의 등)가 다른데도 매우 실용적인 지역 질서를 구축했다. 이 지역에 소극적 평화는 존재하지 않는다. 미국의 이웃국가인 캐나다와 멕시코는 미국의 군사력에 우려를 표하지 않는다. 중남미의 코스타리카와 북유럽의 아이슬란드는 군대 자체가 없다. 적극적 평화가 매우 이상적으로 보이기는 하지만, 이미 많은 나라와 여러 지역에서 적극적 평화를 구현해 나가고 있다.

어떤 평화가 한반도에 실현되어야 할까? 물론 적극적 평화다. 그러나 우리는 지금의 소극적 평화를 안정적으로 관리하면서 적극적 평화로 나아가야 한다. 한반도에서 지금의 소극적이고 불안한 평화를 적극적 평화로 전환하기 위한 정책과 일련의 과정을 한반도 평화 프로세스라고 정의할 수 있을 것이다.

한반도 평화 프로세스는 한반도의 현재 '전쟁이 멈춰 있는 상태(정전)'에서 평화를 추구하는 '규범과 규칙 그리고 정책 결정 과정'을 의미한다. 물론 여기서 평화란 '단순히 전쟁이 발생하지 않는 한시적 상태(소극적 평화)'에서 전쟁의 발생을 방지하고 '구조적으로 공존과 번영의 근간이 되는 영구적 상태(적극적 평화)'로의 변화를 의미한다. 남과 북이 평화롭게 공존하고 자유롭게 교류할 수 있는 체제와 문화, 즉 평화체제가 형성되어야 할 것이다.

물론 남과 북은 통일을 지향해야 한다. 그러나 한반도의 평화적 통일은 한반도 평화 프로세스가 그 목적지인 적극적 평화에 도달하고 정착된 이후에나 생각해 볼 수 있을 것이다. 한반도의 통일은 현재로서는 상상의 영역이라고 할 수 밖에 없다. 어찌 연애도 해 보지 않고, 결혼을 먼저 이야기할 수 있을까.

04

문재인 정부 5년, 평화를 위한 노력

강한 안보와
책임국방

평화 없는 성장과 번영은 사실상 어렵다. 국민의 온전한 일상이 불가능하기도 하다. 2017년 한반도는 매우 불안했다. 북한은 미사일 발사와 핵실험을 거침없이 계속했다. 미국과 국제사회는 북한에 전례 없이 강력한 국제제재를 부과했다. 미국에서는 북한을 향한 거친 말이 쏟아졌고, 이에 질세라 북한 또한 갖은 욕설을 미국에 퍼부었다. 사드 배치로 한중 간의 소통은 사실상 중단됐다. 이명박·박근혜 정부로 이어지는 9년의 세월 동안 남북관계는 단절됐으며, 한반도의 군사적 위기감은 매우 높아졌다. 더욱이 헌정사상 최초로 현직 대통령 탄핵 후 보궐선거로 당선된 문재인 정부는 대통령직 인수위원회도 없이 출범했다.

정책적 차원에서 한반도의 군사적 긴장관계를 풀고, 북한의 고도화된 핵능력을 폐기하기 위한 비전과 전략이 필요한 시기였

　　　　　　　　　　　　평화의 힘

다. 평화적인 촛불혁명으로 들어선 문재인 정부가 김대중·노무현 정부의 평화 프로세스를 계승하는 것은 순리이기도 했다. 소극적 평화를 적극적 평화로 전환하기 위한 문재인 정부의 평화 프로세스 구동은 당연한 일이었다. 평화는 단순한 정치 구호가 아니라, 구체적 처방을 요구하는 현실적 사안이었다.

문재인 정부는 '강한 안보'와 '책임국방'을 제시했다. 책임국방은 '우리의 안보는 우리 스스로 책임진다.'라는 자주국방 의지를 드러내는 개념이다. 책임국방으로 구현하는 강한 안보는 한반도의 항구적 평화를 향한 문재인 정부의 평화 프로세스를 뒷받침하는 기반이었다. 책임국방을 위한 '국방개혁 2.0'을 통해 군이 첨단 무기와 핵심 정보 전력을 조기 확보할 수 있도록 예산도 지속적으로 증액했다. 나는 당시 평화군비통제비서관으로서 국방예산을 점검하던 중 북한을 보고 들을 수 있는 우리의 정보자산이 매우 부족해서 미국에 절대적으로 의존해야 하는 현실에 놀라지 않을 수 없었다.

문재인 정부는 우리의 대북감시 능력을 향상하기 위해 정보자산에 상당량의 예산을 투입했다. 2017년 정부 출범 당시 40조 3,000억 원이었던 국방예산은 3년 만인 2020년 사상 최초로 50조 원을 넘겼다. 임기 5년간 연평균 증가율 6.3%를 달성했고, 이는 과거 정부 9년의 증가율 4.7%를 1.3배 이상 상회하는 수치다. 특히 역대 최고로 방위력개선비를 증가했다. 이명박 정

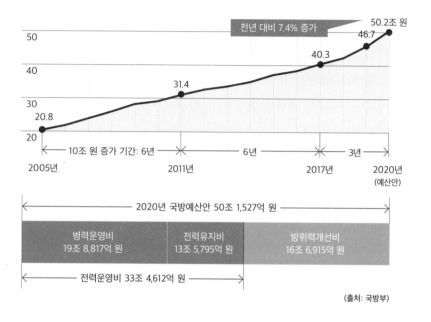

文재인 정부의 연간 국방예산 증가 추이

전년 대비 7.4% 증가

50.2조 원

46.7

50

40.3

40

31.4

30

20.8

20

10조 원 증가 기간: 6년 ← → 6년 ← → 3년

2005년 2011년 2017년 2020년
(예산안)

2020년 국방예산안 50조 1,527억 원

| 병력운영비
19조 8,817억 원 | 전력유지비
13조 5,795억 원 | 방위력개선비
16조 6,915억 원 |

전력운영비 33조 4,612억 원

(출처: 국방부)

부(5.8%)와 박근혜 정부(4.6%)와 비교해 방위력개선비를 매년 6.5%씩 증가해 대한민국 국력에 걸맞은 월등한 국방력을 만들어 냈다.

문재인 정부는 42년 만에 한미미사일지침을 해제해 미국으로부터 미사일 주권을 되찾았다. 외교부와 국방부 등 관련 부처들과 안보실이 한 팀이 되어 미국과 오랜 시간 협상한 결과였다. 특히 외교부 북미국이 끈질기게 협상해 줬다. 한 개인이 해결할 수 있는 사안은 아니었다. 당시 외교부 협상팀에서 실무를 담당

했던 사무관이 협상 타결 후에 '외교관이 되길 정말 잘했다.'라며 눈물을 흘리던 모습을 아직 기억하고 있다.

문재인 정부는 미국의 통제하에 놓여 있던 우리의 미사일 역량을 무제한으로 개발할 수 있게 했다. 우리의 기술력만큼 미사일의 사거리와 탄도중량을 증가할 수 있게 된 것이다. 힘을 통해 얻는 평화는 불안한 소극적 평화다. 그러나 문재인 대통령은 기본적인 힘 없이 구현하는 평화는 공허한 구호라는 문제의식이 강했다. 문재인 정부의 평화에 대한 인식 역시 그랬다. 평화가 공허한 외침으로 남지 않도록 하기 위한 기본적이고 자주적인 국방 역량 확보는 중요한 국정과제였다.

안보와 보훈의 관계

여기서 한 가지 강조하고 싶은 점은 바로 안보와 보훈의 관계다. 보훈 없는 안보는 국민에게 희생만을 강요하는 것이다. 이는 민주주의 정신에 어긋난다. 애국심이라는 이름으로 국민에게 자신의 삶을 희생하라고 하는 것 자체가 안보에 실패했다는 뜻이다. 자신의 삶을 희생한 국민에 대해 국가가 끝까지 책임질 때, 진정한 안보가 구현된다. 문재인 정부는 안보를 말로만 강조하지 않고, 평화를 지향하되 힘과 인권 그리고 보훈을 강화하는 국방정책을 실현했다.

문재인 정부는 국가를 위해 희생·헌신한 국민들에 대한 '국가 무한 책임'을 이행하기 위해 그 어느 정부보다 더 힘썼다. 문 대통령은 늘 이 문제를 고심했고, 청와대는 이를 정책 차원에서 이행하기 위해 상당히 노력했다. 우선 국가보훈처를 장관급 부처로 격상했다. 이와 동시에 미래 세대가 국가유공자의 애국정신을 몸소 느끼고 기릴 수 있도록 보훈 문화를 조성했다.

국가안보는 유공자에게 예우를 명확히 갖추는 보훈정책이 있어야 지속 가능하다. 이것은 상식이다. 국가유공자의 존엄을 지키는 일에 소홀하면, 국민에게는 일방적 희생만 강요하는 셈이다. 소홀한 국가보훈정책은 국가안보의 초석을 흔든다.

문재인 대통령은 보훈에 대해서는 철저한 책임의식이 있었다. 문재인 정부는 역대 정부 최초로 국군 및 유엔군 참전유공자와 교포 참전용사, 유가족 182명을 청와대 영빈관에 초청해 이들을 예우하는 행사를 진행했다. 매년 7월 27일을 '유엔군 참전의 날', 11월 11일을 '유엔참전용사 국제추모의 날'로 지정해 법정기념일로 만들었다. 코로나19 발병 시기에는 22개 유엔참전국 참전용사와 해외 독립유공자에게 코로나19 방역물품을 지원했고, 유엔참전용사의 증언과 참전기록을 토대로 참전국별 교육자료를 제작했다.

6·25 전쟁 호국용사들을 찾는 유해발굴사업을 6·25 전쟁 이후 사상 최초로 비무장지대까지 확대해 추진했다. 화살머리고지

에서 유해 72구, 유품 3만 3천여 점을 발굴했다. 남북군사합의 덕분에 가능했던 일이다. 미군 유해 25구 중 절반이 넘는 13구를 문재인 정부 출범 이후 미국으로 송환했다. 미국에서 고국으로 돌아온 국군 유해 307구 중 280구를 봉환했다. 특히 2021년 9월 23일에는 대한민국 공군 원거리 수송기인 시그너스(KC-330)로 147구의 국군 유해를 미국 하와이 하캄공군기지에서 국내로 모시고 와 대통령이 직접 국군 전사자 유해 봉환식을 주관했고, 68년 만에 돌아온 국군 유해 64위에 6·25 참전 기장을 수여했다. 그 전 정부에서는 국방부 차관이나 장관이 엄수했던 일이다. 12만 2,609명 호국영웅기억 대국민 캠페인 '끝까지 찾아야 할 122609 태극기' 캠페인을 최초로 시행했다.

독립유공자 홍범도 장군을 비롯한 해외의 여러 독립 영웅을 대통령 전용기로 모셔 와 국내에 봉환하고 영면하도록 했다. 영구용 태극기와 대통령 명의 근조기를 직접 전달해 국가유공자의 생애 마지막까지 최상의 예우를 실현했으며, 여성과 의병 등 소외됐던 유공자들에 대한 포상 사각지대를 해소해 독립유공자 발굴과 포상을 전례 없이 확대했다. 국립대한민국임시정부기념관을 개관했고, 6·10 만세운동에 대해 첫 정부 기념식을 거행하는 등 국가 정체성을 여러 역사에 부여했다.

스마트 휠체어와 보청기 등 상이 국가유공자의 보철구 연구 및 개발에 예산을 증액했고, 독립유공자의 (손)자녀를 대상으로

홍범도 장군 유해 안장식에서 의장대가 홍범도 장군의 영정과 유해를 들고 입장하고 있다. (출처: 연합뉴스)

하는 생활지원금을 신규 지급하도록 했으며, 전상수당과 참전명예수당, 4·19 혁명 공로자수당 등을 대폭 인상했다. 또한 국가유공자들의 진료비 부담을 경감하기 위해 보훈병원과 위탁병원의 진료비 감면율을 60%에서 90%로 확대했다. 그들의 상처와 생활고는 국가의 책임이기 때문이다.

워싱턴 D.C.에 한국전 전사자 '추모의 벽'을 건립하는 데 전체 사업비의 90%인 2,200만 달러의 정부 예산을 2019년에 우선적으로 투입했다. 문 대통령은 2020년 현충일 추념사에서 2022년까지 추모의 벽을 완공하겠다고 약속했다. 이 추모의 벽에는 6·25 전쟁 당시 전사한 미군과 카투사 4만 3,808명의 이름을 새

평화의 힘

겼다. 2022년 7월 27일 미국 현지에서 열린 준공식에서 미국 측 대표로 참석한 카멀라 해리스 부통령의 남편인 더그 엠호프는 축사에서 문재인 전 대통령의 실명을 거론하며 특별한 고마움을 표했다(하지만 당시 박민식 국가보훈처장이 대독한 윤석열 대통령의 축사에는 문재인 대통령의 이름이 거명되지 않았다).

　문재인 정부는 국민의 자존감은 국가가 지켜야 한다는 의무감과 국가의 안위를 위해 개인의 삶을 희생한 분들에 대해 국가가 무한책임을 져야 한다는 인식이 강했다. 이런 생각은 원래부터 상식이고 순리여야 했다. 결과적으로 이와 같은 국방·보훈정책의 강화는 한반도 평화 프로세스의 중요한 기반을 조성했다. 실효적 국방력과 정성스러운 보훈정책을 양 축으로 삼아 북한을 더욱 자신 있게 대할 수 있었다. 문재인 정부는 더 강력한 국방력을 구축하고 과거의 상처를 다시 반복하지 않겠다는 보훈을 실현해 한반도 평화 프로세스의 토대를 마련했다.

　청와대에 근무했던 시절, 국방개혁과 예산 그리고 보훈 관련 회의가 한반도 평화 프로세스 회의 못지않게 수없이 열렸던 것으로 기억한다. 때로는 대통령이 직접 주재해 예산 증액 등에 많은 관심을 기울였다. 안보실장과 비서실장, 예산을 담당하는 정책실장까지 보훈정책의 획기적 변화가 반드시 이루어져야 한다고 믿었다. 보훈을 정성스럽게 챙기지 않으면 평화 프로세스와 국방개혁은 공허한 메아리가 된다는 것이 대통령의 확고부동한

지침이었다. 또한 보훈의 강화가 식민과 전쟁의 상처를 치유하는 중요한 처방이라고 믿었다. 문 대통령은 애국심은 강요하는 것이 아니며, 정부가 자신의 삶을 희생한 국민을 보살필 때 확산한다고 굳게 믿었다.

05

평화로운 방법으로
위기를 다루는 능력

2017년, 그
숨 가빴던 순간들

       2017년 5월 문재인 대통령 취임 후에도 북한은 핵실험과 미사일 시험발사를 계속했다. 마치 북한은 자신들이 설정한 계획에 따라 미사일 발사와 핵실험을 진행하는 듯했다. 북한은 2017년 2월 12일 북극성-2형 탄도미사일 발사를 시작으로 문재인 정부가 들어선 5월 이후에도 11회에 걸쳐 20발의 탄도미사일 발사를 감행했다. 당시 북한이 발사한 미사일은 새롭게 개발한 미사일이 대부분이었다. 중거리 탄도미사일(화성-12형), 지대지 고체추진 탄도미사일(북극성-2형), 대륙간 탄도미사일ICBM급 사거리를 갖춘 미사일 화성-14, 15형 등 북한은 다양한 사거리의 미사일을 발사했다. 북한의 미사일 위협은 양적으로나 질적으로나 증대하고 있었다.

    미국의 트럼프 대통령은 "화염과 분노", "자살하려 하는 리틀 로켓맨" 등의 막말성 경고를 했다. 북한 또한 대응 차원으로 "미국령 괌 주변에 대한 포위 사격을 실시하겠다."라고 위협하면서 한반도를 둘러싼 긴장은 극도로 높아졌다. 트럼프 대통령은 "지금껏 전 세계가 보지 못한 화염과 분노에 직면할 것"이라고 북한에 경고했다. 김정은도 이에 질세라 자신의 책상에 핵단추가 있다며 되받았다. 트럼프 대통령 또한 자신의 핵단추가 더 크다며 양측은 위협적인 설전을 벌였다. 그야말로 '아무 말 대잔치'였다. 국제사회는 대북제재를 더욱 치밀하게 가했으며, 워싱턴에서는 군사적 옵션이 거론될 정도였다. 남북 간에는 위기를 관리할 수 있는 어떤 공식적 소통 채널도 작동하지 않았다.

미국은 주한미군의 가족과 비전투인원 등을 철수하는 연습을 준비하고 있었다. 우리 정부는 미국 측의 그런 연습이 한반도의 불안감을 더욱 고조시킨다고 강력하게 반대했다. 당시 제임스 매티스 미국 국방장관은 워싱턴 국립성당을 여러 차례 찾아 한반도에서 핵전쟁이 일어나지 않기를 기도했다고 밥 우드워드는 자신의 저서 《격노Rage》에서 밝힌 바 있다.

한편 국내 언론들 중 특히 〈조선일보〉는 "한반도 전쟁 땐 핵 안 써도 며칠 내 최대 30만 명 사망"(2017년 10월 29일 자), "핵 가진 북한, 백령·연평도 기습점령 시도할 수도"(2017년 10월 13일 자), "CIA서 대북작전 설명 들은 한국당 '섬뜩했다'"(2017년 10월 25일 자) 등 국민에게 불안감을 조장하는 자극적인 헤드라인으로 한반도 위기 관련 기사를 냈다. 이와 동시에 여러 보수언론은 "문 정부, 안보 무능도 사치, 안보 포기"(〈문화일보〉, 2017년 9월 15일 자), "진보 집권=평화가 착각인 이유"(〈중앙일보〉, 2017년 8월 7일 자), "할 일과 하지 말아야 할 일이 뒤바뀐 안보정책"(〈조선일보〉, 2017년 10월 16일 자)와 같은 사설과 칼럼으로 정부를 강하게 비판했다. 문재인 정부가 처한 국내외적 상황은 여러모로 어려웠다.

이런 위기 속에서 문재인 대통령은 2017년 7월 6일 베를린 구상을 발표하며 본격적으로 한반도 평화 비전을 제시하기 시작했다. 베를린 구상에서는 한반도 평화와 비핵화, 항구적 평화체제 구축, 한반도 신경제구상, 비정치적 교류 협력을 문재인 정부의 대북정책 방향으로 제시했다. 또한 이산가족 상봉, 평창 올림픽의 평화올림픽화, 적대행위 중단, 남북대화 재개 등을 정책과제로 선정했다. 광복절 축사에서도 문재인 대통령은 "한반도에서 무력 사용을 어떤 경우에도 불허한다."라고 천명했다.

2017년 9월 한반도의 긴장은 북한의 미사일 발사와 6차 핵실험 때문에 하루가 달리 높아져 갔다. 9월 3일 일요일 정오경에 북한은 6차 핵실험을 풍계리 일대에서 감행했다. 이 실험에서 보여 준 핵폭발 위력은 약 50kt, 인공지진 규모 5.7에 달하는 최대 수준의 핵실험이었다. 문재인 대통령은 북한의 6차 핵실험 직후 국가안전보장회의NSC 전체회의에서 "ICBM(대륙간탄도미사일)급 미사일 발사와 핵실험 등 연이은 북한의 도발에 대해 국제사회와 함께 최고로 강한 응징 방안을 강구하라."라고 지시했다. 대통령은 단순한 규탄 메시지뿐만 아니라 실제로 우리 군이 무엇으로 대응할 수 있는지에 관해서도 주문했다.

9월 4일 우리 군은 일출 즈음인 새벽 6시경에 공군과 육군 미사일 합동 실사격 훈련을 했다. 육군은 사거리 300㎞의 지대지 탄도미사일 현무-2A를 발사했고, 공군은 장거리 공대지 미사일 슬램 ER로 동해 표적지를 사격해 명중했다. 합동참모본부는 이날 "북한 풍계리 핵실험장까지의 거리를 고려해 공해상 목표 지점을 향해 사격을 실시했다."라고 밝혔다. 유사시 북한의 도발 원점과 지휘부에 정밀 타격할 능력을 대통령의 재가하에 우리 군이 단독으로 선보인 것이었다.

9월 15일에도 북한은 평양 순안비행장 일대에서 미사일을 발사했다. 청와대는 물론, 한미 군 당국은 북한의 미사일 발사 징후를 포착하고 면밀히 감시하고 있었다. 우리 군과 미군은 동해 마차진에서 현무-2 탄도미사일을 즉각 발사했다. 마차진으로부터 순안비행장까지의 거리인 250㎞만큼 동해상에서 같은 거리로 미사일을 발사한 것이다. 우리 측이 북한의 도발에 즉각 대응할 능력을 보유했음을 시현했다.

위의 두 가지 사례를 보면, 과거 보수정부와 달리 문재인 정부는 북한을 대화를 통해 설득해야 할 상대로 인식했지만, 한반도의 안정에 위협을 가하는 북한의 군사행동에는 매우 엄격하고

평화의 힘

단호하게 대처했음을 알 수 있다.

문재인 대통령은 9월 21일 취임 후 처음으로 참석한 유엔총회에서 "평화는 분쟁이 없는 상태가 아니라 분쟁을 평화로운 방법으로 다루는 능력을 의미한다."라고 한반도 평화 프로세스의 성격을 규정했다. 분쟁을 평화로운 방법으로 다루는 능력이란 당장의 긴장 구도를 해결할 정책 능력을 의미한다. 근본적으로 군사적 긴장 구도가 발생할 수 없는 구조를 만들어 가는 과정으로서 한반도 평화 프로세스의 의미를 강조했다.

그러나 미국은 9월 23일 밤 미군 B-1B 폭격기 2대와 F-15 전투기 편대를 위도상 NLL 북쪽 지역까지 보내는 경고성 비행을 감행했다. 미군 공군기가 NLL로부터 100km 이상까지 북상한 것이다. 북한 영공이 아닌 국제공역이었지만, 신포 잠수함기지와 풍계리 핵실험장이 200km 이내로 들어오는 지역이었다. 다분히 북한에 대한 무력시위 성격의 비행으로 미국은 북한에 군사적 행동을 할 수 있다는 신호를 보낸 것이었다. 9월 25일 리용호 북한 외무상은 뉴욕 유엔총회 계기 기자회견에서 "도널드 트럼프 미 대통령이 우리 지도부에 대해 오래가지 못할 것이라고 공언하면서 끝내 선전포고를 했다."라며 "북방한계선NLL을 넘어오는 미국 전략폭격기들을 공격하겠다."라고 발언하면서 긴장은 한층 더 심해졌다.

우리 정부는 상황을 안정적으로 관리하기 위해 총력을 기울였

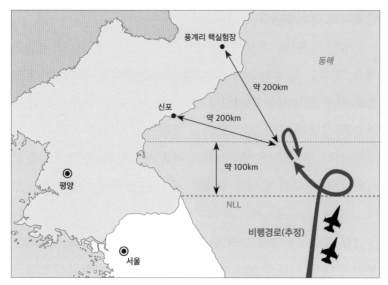

풍계리 핵실험장
동해
약 200km
신포
약 200km
약 100km
평양
NLL
비행경로(추정)
서울

미국은 북한의 핵실험에 크게 반발해 미군의 전략폭격기를 보내 무력시위를 펼치기도 했다.

다. 우선 정부는 북한과 대화를 재개하기 위해 여러 경로를 통해 평양으로 대통령의 공개된 메시지를 계속해서 보냈다. 당시 북한은 우리 측의 메시지를 접수하고 "잘 받았다."라는 답신만 했다. 메시지 내용에 대한 답신은 없었다. 그러나 우리는 끈기를 갖고 북한에 대화에 나오라는 메시지를 보냈다.

정부는 한미 간 정책 신뢰도를 높이기 위해 노력했다. 정의용 당시 안보실장, 서훈 국정원장, 강경화 외교부 장관 등은 미국 측 인사와 지속적으로 소통했다. 정 실장은 당시 미국에 0박 3일의 일정으로 수차례 비공개 방문했다. 특히 '하우스 대 하우스'(청와대와 백악관the Blue House & the White House) 간의 긴밀한 소통은 매우 중요했다. 이와 동시에 한미 정보 당국 간의 긴밀한 정보 협의를 지속해서 한미가 북한에 대해 같은 평가를 하도록 했다. 서훈 원장과 폼페이오 CIA 국장 간 소통은 매우 원활하게 진행됐다. 서훈 원장에 대한 미국 측의 신뢰는 매우 높았다.

우리의 입장은 명확했다. 미국과 투명한 소통을 통해 신뢰관계가 형성되어 있지 않으면 남북관계 진전 시 여러 장애를 초래할 수 있으므로 이를 사전에 방지하고자 했다. 우리가 원했던 바는 김정은 위원장이 우리를 통해 미국을 만나거나, 미국이 우리를 통해 북한을 만나는 것이었다. 남북 간의 관계 개선과 함께 한미 간의 정책 공조는 균형이 중요하다. 때로는 남북관계 개선이 앞서 나갈 필요가 있으며, 이때 한미 간의 정책 신뢰는 필수다.

남북대화로
녹아내린 긴장

2017년 12월 19일, 문재인 대통령은 22일 개통 예정인 서울-강릉 간 경강선 KTX 대통령 전용열차를 타고 평창 올림픽 현장을 점검한 후 서울로 돌아오는 중이었다. 열차 안에서 문 대통령은 미국 NBC 방송과 인터뷰했다. 원래 인터뷰는 평창 동계올림픽 홍보 차원에서 기획됐지만, 여기서 문 대통령은 매우 놀라운 발언을 했다. "한국과 미국은 한미연합훈련의 연기 가능성을 검토할 수 있다. 나는 미국에 이를 제안했고, 미국은 현재 이를 검토하고 있다."라고 밝힌 것이다. 또한 "평창 겨울올림픽에 북한 선수단이 참가하면 한반도의 긴장 완화로 이어질 수 있다. 이 모든 것은 북한에 달려 있다."라고 덧붙였다. 금기시해 왔던 한미군사훈련 연기 문제를 거론하며 북한의 올림픽 참여를 촉구하는 승부수를 던진 것이다.

여기에는 북한이 평창 올림픽에 참가하면 한반도의 위기를 해결할 수 있는 중요한 계기가 된다는 전략적 판단이 그 바탕에 있었다. 청와대 안보실은 가을부터 평화군비통제비서관실을 중심으로 한미연합훈련의 규모와 시기, 연기 방안 등을 종합적으로 검토했고, 미국과 협의 중이었다. 문 대통령은 파급력이 높은 미국 언론에다 이를 직접 공개한 것이었다.

김정은 위원장은 13일 만에 문 대통령에게 2018년 신년사를 통해 공개적으로 답변을 보냈다. 김정은 위원장은 신년사에서 "북과 남이 마주 앉아 우리 민족끼리 북남관계 개선 문제를 진지하게 논의해서 출로를 과감하게 열어 나가야 할 때"라며 남북대화에 나설 것임을 밝혔다. 또한 평창 동계올림픽을 "민족의 위상을 과시하는 좋은 계기"라며 평창 동계올림픽의 성공을 기원하고 북측 대표단을 파견하겠다고 제안했다. "따뜻한 새해 인사 보내면서 의의 깊은 올해의 북과 남에서 모든 일이 잘 되기를 진심으로 바랍니다."라는 대남 메시지도 공개적으로 보냈다. 청와대

문재인 대통령은 청와대 안보실 비서관들과 청와대 내의 회의실인 상춘재에서 오찬을 하며 여러 현안들을
직접 논의했다.

안보실은 여러 시나리오를 미리 설정해 놓고 대비했는데, 김정
은 위원장이 핵무력 완성 후 남북 대화에 나오리라고 이미 예상
하고 있었다.

　같은 날 오후, 청와대는 대변인 브리핑을 통해 "김정은 위원장
이 신년사에서 남북관계 개선 필요성을 제기하면서 평창 올림픽
대표단 파견 용의를 밝히고 이를 위한 남북 간 만남을 제의한 것

을 환영한다."라는 입장을 밝혔다. 또한 "한반도 문제의 직접적 당사자로서 남북이 책임 있는 위치에 앉아 남북관계 해법을 찾기를 바란다."라고 덧붙였다. 북한이 평창 동계올림픽 참가와 남북 당국 대화 의사를 밝히면서 한반도 정세는 반전 가능성이 높아져 갔다.

나는 2018년 1월 두 번에 걸쳐 워싱턴을 비공개로 방문해 백악관 한반도 담당 고위인사들과 대북정책을 협의했다. 당시 미국은 대북 최대 압박 정책을 펴고 있었기에 정책 협의는 쉽지 않았다. 하지만 "만약 북한이 먼저 대화로 나오겠다고 한다면, 미국은 준비가 되어 있어야 하지 않겠는가?"라는 식의 논리를 펴서 좋은 의미에서의 '만약'을 대비한 여러 협의를 진행했다.

워싱턴은 마침 25년 만에 가장 추운 겨울을 맞이하고 있었다. 나는 '여명'의 순간이 다가오고 있는 듯해 내심 긴장하기도 했다. 평창 동계올림픽의 개막식과 폐막식 그리고 모든 경기를 관람할 수 있는 '프리패스'를 받았으나 평창 근처에 가보지도 못했다. 그해 겨울 나는 청와대 안보실 여민3관에서 많은 시간을 보내야 했다.

평창 올림픽이 성공적인 평화올림픽으로 끝나자, 우리 측 특사가 2018년 3월 5일 1박 2일 일정으로 평양을 방문했다. 정의용 안보실장을 수석으로 한 대북특사단의 방문은 평창 올림픽을 계기로 북측에서 특사와 고위급 대표단을 파견한 데 대한 답방

2018년 3월 5일 대북특사단 자격으로 북한을 방문한 정의용 청와대 국가안보실 실장이 문재인 대통령의 친서를 김정은 위원장에게 전달한 뒤 악수를 하고 있다. (출처: 연합뉴스)

형식이었다. 특사단은 평창 올림픽을 계기로 조성된 남북 간 대화와 관계 개선의 흐름을 반드시 살려야 한다는 목적이 있었다. 남북대화와 함께 북미대화가 실현될 수 있도록 북측과 협의하는 것도 중요한 과제였다.

북한은 이례적으로 "정의용 청와대 국가안보실 실장을 비롯한 남조선 대통령의 특사대표단이 오늘 평양에 도착했다."라는 사실을 조선중앙통신과 조선중앙방송, 평양방송을 통해 공개했다. 김정은 위원장은 특사단을 접견했다. 또한 문재인 대통령의 친서를 직접 전달받고, 협의 후 만찬을 진행했다. 특사단은 한반도 비핵화와 평화를 위한 문 대통령의 의지를 전달했고, 북측과 남북정상회담을 개최하기로 합의했다.

북한 조선중앙통신은 6일 오전 보도에서 "최고영도자 동지께서는 남측 특사로부터 수뇌상봉(정상회담)과 관련한 문 대통령의 뜻을 전해 들으시고 의견을 교환하시었으며 만족스러운 합의를 보시었다."면서 "최고영도자 동지께서는 해당 부문에서 이와 관련한 실무적 조치들을 속히 취하는 데 대한 강령적 지시를 주시었다."라고 전했다. 사실상 남북정상회담 개최 합의를 공개한 것이었다. 특히 김정은 위원장은 통상 특사단 일정 마지막 날에 면담을 가졌던 그간 관례를 깨고 특사단 방북 첫날 접견과 만찬을 노동당 본관에 있는 진달래관에서 4시간 이상 했다. 우리 측 특사단을 매우 환대한 것이다. 조선중앙통신은 이날 "김정은 동지께서 5일 평양에 온 남조선 대통령의 특사대표단 성원들을 위하여 만찬을 마련하시었다."라며 "만찬은 시종 동포애의 정이 넘치는 따뜻한 분위기 속에서 진행되었다."라고 보도했다.

서울에 돌아온 정의용 실장은 이틀 뒤인 8일에 서훈 국정원장과 함께 워싱턴 D.C.로 향했다. 남과 북이 평양에서 논의한 내용을 미국과 공유하기 위해서였다. 특히 김정은 위원장의 비핵화 의지와 함께 미국 대통령을 만나고 싶다는 메시지를 전달하는 것이 중요한 목적이기도 했다. 트럼프 대통령은 백악관 집무실에서 정의용 실장과 서훈 원장을 접견했고, 정의용 실장은 남북 간의 협의 내용을 브리핑했다. 그 자리에는 미 행정부의 외교안보라인의 주요 인사들이 배석했다. 이때 트럼프 대통령은 북한과의 정상회담을 결정했다.

트럼프 대통령은 정의용 실장에게 직접 미국 언론에 자신의 결정을 알려 달라고 했다. 정 실장은 문재인 대통령과 통화가 먼저라고 했고, 문 대통령은 트럼프 대통령의 결정을 정 실장이 언론에 알리라고 승인했다. 정 실장은 미국 측 NSC 인사들과 발표문안을 협의하고, 백악관 앞뜰에서 전격적으로 미 대통령의 북미정상회담 의지를 발표했다.

트럼프 대통령은 3월 28일 "수년 동안 많은 행정부를 거치면서 모두가 한반도의 평화와 비핵화는 적은 가능성도 없다고 말했습니다. 이제 김정은이 주민과 인류를 위해 옳은 일을 할 좋은 기회가 왔습니다. 우리의 만남을 기대하세요!"라고 트위터 메시지를 띄웠다. 그리고 같은 날 저녁 7시에 "어젯밤 중국의 시진핑 주석으로부터 김정은 위원장과 회담이 매우 잘 진행됐고 김 위원장이 나와 만남을 고대하고 있다는 메시지를 받았습니다. 그 동안 안타깝지만 최대 제재와 압박은 어떤 대가를 치르더라도 유지할 것입니다."라는 트위터를 날렸다. 그리고 3월 30일 폼페이오 당시 미 중앙정보국 국장은 부활절 연휴에 북한을 극비리에 방문해 김 위원장을 만나서 북한의 비핵화와 북미정상회담 의지를 확인했다.

2018년 4월 27일 판문점 군사분계선에서 상봉 후 남쪽으로 함께 걸어오는 문재인 대통령과 김정은 위원장. (출처: 연합뉴스)

4월 1일 트럼프 대통령은 김정은 위원장에게 서한을 보내 "우리가 만날 수 있게 초대해 줘서 고맙다."라며 북미정상회담에 기대감을 나타냈다. 트럼프 대통령의 서한을 받은 김 위원장은 "북미 간의 현안을 해결하고 좋지 않은 양자관계를 풀기 위해 큰 조치Big Steps를 하겠다."라는 긍정적 메시지로 답했다. 트럼프 대통령은 4월 9일 "좋은 일들이 일어날 것"이라는 트위터 메시지를 날리며 기대감을 내보였다.

남북 정상은 역사적 회담을 통해 2018년 4월 27일 '판문점선언'을 만들어 냈다. 한반도 평화 프로세스는 비로소 여명의 순간을 맞이했다. 불과 문재인 정부 집권 1주년이 안 된 시기에 한반

2018년 4월 27일 판문점 남북정상회담이 끝난 후 수행원들 단체사진. 뒷배경에 있는 평화의 집 앞으로 북측 경호요원들이 철수하고 있다.

도의 안보 환경을 대화 국면으로 전격 전환한 것이었다. 판문점 선언에 따라 2018년 9월 개성에 남북공동연락사무소가 개소되어 24시간 상시 소통체계가 구축됐다.

　5개월 후인 9월 19일, 평양에서 열린 세 번째 정상회담에서 남북 정상 양측은 '평양공동선언'을 채택해 한반도 평화 프로세스를 본격적으로 가동했다. 그리고 그 부속합의로 판문점선언 군사 분야 합의 이행을 위한 남북 국방장관 간 '9·19 군사합의'도 이끌어 냈다. 이 군사합의는 1953년 정전협정 이후 가장 실효적인 군사 분야 합의로 한반도의 상황을 안정적으로 관리하는 토대가 됐다. 남북관계가 먼저 한 발짝 나아가 한반도 비핵화와 평화를 구축하기 위한 노력의 시간이 펼쳐졌다.

4월 27일, 판문점으로 가는 이른 새벽길과 돌아오는 늦은 밤길에서 지난 시간들이 주마등처럼 내 머릿속을 스쳐갔다. 코끝이 시큰해지고 눈물이 나기도 했다. 그러나 나를 포함한 외교안보라인의 인사들은 이제 하나의 고개를 넘었을 뿐, 이 고개가 끝이 아님을 잘 알고 있었다. 문 대통령은 "앞으로 더 큰 고개, 더 험한 길도 나올 것"이라며 신중에 신중을 강조했다. 우리 모두 앞으로 빠른 속도로 한반도 평화 프로세스가 전개되겠지만, 평화라는 큰 산을 향해 가는 길이 시작됐을 뿐임을 알고 있었다. 오랫동안 준비하고 작심하고 나서는 길이었지만, 성공은 여전히 미지수였다.

06 남북·한미·북미의 삼각구도

싱가포르로
가는 길

　　　　　판문점 남북정상회담 이후 북한과 미국의 움직임은 매우 빠른 속도로 진행됐다. 한반도 전쟁위기설이 붉어졌던 불과 1년 전과 다르게 북미대화를 향해 나아가고 있었다. 5월 7일 김정은 위원장은 중국을 방문해 시진핑 주석과 중국 랴오닝성 다롄에서 1박 2일 동안 회담했다. 5월 8일 폼페이오 국무장관이 방북했고, 이때 북한은 미국인 억류자 3명을 전격 석방했다. 5월 10일 트럼프 대통령은 "6월 12일 싱가포르에서 정상회담을 개최한다."라고 발표했다. 이틀 후 북한 외무성은 풍계리 핵실험장을 5월 23~25일에 갱도 폭파 방식으로 폐쇄하겠다고 발표하면서 한국을 포함한 5개국(한·미·영·중·러) 기자단을 폐기식에 초청한다고 공표했다.

　　그러나 이런 흐름에 찬물을 끼얹는 발언이 5월 14일 존 볼턴 국가안보회의NSC 보좌관으로부터 나왔다. 볼턴 보좌관은 "비핵화는 단순히 핵무기 폐기만을 뜻하는 것이 아니라 북한이 과거 여러 차례 동의했던 우라늄 농축과 플루토늄 재처리 능력 포기를 의미한다."라며 소위 리비아식 방법의 적절성을 주장했다. 사실 같은 날 폼페이오 국무장관이 '북한판 마셜 플랜'을 제시하면서 "대북 제재를 해제해 미국의 민간 자본이 북한으로 흘러갈 수 있도록 하겠다."라고 발언했는데, 볼턴 보좌관의 리비아식 해법 발언으로 폼페이오의 대북 메시지는 묻혀 버렸다. 그리고 북한은 5월 16일 김계관 외무성 전 1부상의 담화문을 통해 미국에 강력한 비난 메시지를 보냈다.

한편, 문재인 대통령은 미국을 방문해 5월 23일 한미정상회담에 임했다. 당시 문 대통령은 북미정상회담의 중요성을 강조하며, 트럼프의 확고한 의지가 한반도에 평화와 비핵화를 가져올 것이라고 트럼프 대통령을 격려했다. 그러나 트럼프 대통령은 한미정상회담 모두발언에서 "만약 (북미정상회담이) 열리지 않는다면 그것도 괜찮다."라고 발언했다.

북한은 24일 최선희 외무성 부상을 통해 "리비아와 비교하지 말라."라며 "무지몽매하다."라는 메시지를 내며 미국을 강도 높게 비난했다. 하지만 북한은 함경북도 길주군 풍계리 핵실험장 폐쇄를 위한 폭파 작업을 예정대로 진행했다. 풍계리 핵실험 관리 지휘소 시설 7개동과 모든 갱도를 폭파한 것이었다. 당시 북한 핵무기연구소 관계자들은 참관한 언론인들에게 "4번

2018년 5월 23일 한미정상회담에 앞서 악수를 나누고 있는 문재인 대통령과 트럼프 미 대통령. (출처: 연합뉴스)

갱도는 가장 강력한 핵실험을 위해 준비했다."라고 설명했다. 대미 비난과 달리 김정은 위원장은 자신이 공약한 선제조치를 이행했다.

그러나 미국은 북한의 대미 메시지가 매우 거칠다며 북미정상회담 취소를 전격 발표했다. 그래도 북한은 25일 김계관 외무성 전 1부상의 담화를 통해 "미국과 마주 앉아 문제를 풀어 나갈 용의가 있다. 열린 마음으로 미국 측에 시간과 기회를 줄 용의가 있다."라며 북미회담을 재차 요구했다.

미국 방문을 마치고 귀국한 문 대통령을 포함한 우리는 북미정상회담 취소 소식을 접하고 '역시 어렵겠구나.'라는 생각이 들었다. 그러나 김정은 위원장은 문 대통령을 만나자는 전갈을 급히 보냈고, 5월 26일에 두 정상은 판문점 북측에서 전격 회동했다. 두 정상은 북미정상회담의 중요성에 합의했고, 우리 측은 백악관에 김정은 위원장이 여전히 북미정상회담을 할 용의가 있다는 메시지를 전달했다.

5월 27일, 트럼프 대통령은 6월 12일 싱가포르 북미정상회담 재개를 검토 중이라고 발언했고, 북한과 미국은 판문점 통일각에서 정상회담 준비를 위한 실무회담을 비공개로 진행했다. 남북뿐만 아니라 한미 간 신뢰가 빛을 발하는 순간이었다. 김 위원장은 트럼프 대통령에게 보낸 5월 29일자 서한에서 "트럼프 대통령이 회담을 예정대로 진행하기로 한 결정을 치하하며 조미수뇌회담을 자신도 크게 기대하고 있다."라고 밝히면서 "적지 않은 고통 속에 치러질 우리의 첫 만남이 더 멋지고 의미 있는 만남으로 이어지기를 간절히 바란다."라는 희망을 명확히 표명했다. 그리고 5월 31일에 김영철 노동당 부위원장 겸 통일전선부장이 뉴욕을 방문해 마이크 폼페이오 국무장관과 회담했다. 그리고 6월 1일 트럼프 대통령은 김 부위원장을 백악관에서 접견했다. 이때 김 부위원장은 트럼프 대통령에게 김정은 위원장의 친서를 전달했다. 북미정상회담이 가시권에 들어오는 순간이었다.

2018년 6월 10일 북미정상회담을 위해 만난 김정은 위원장과 트럼프 대통령. (출처: 연합뉴스)

2018년 6월 10일 트럼프 대통령과 김정은 위원장은 싱가포르에 도착했다. 그리고 6월 12일 미국과 북한은 싱가포르에서 최초로 정상회담을 개최해 새로운 북미관계 수립을 위한 공동성명을 채택했다. 이 공동성명에서 양측은 북미관계 개선을 위한 4개의 축인 평화와 번영을 위한 조미관계 수립, 한반도의 항구적이고 안정적인 평화체제 구축, 판문점선언의 재확인을 통한 한반도의 완전한 비핵화 실현, 전쟁포로와 실종자의 유해 복구 등에 합의했다. 여기서 미국이 북한과 함께 4·27 판문점선언의 중요성을 재확인함으로써 남북과 북미, 한미의 삼각관계를 통해 한반도의 완전한 비핵화를 위해서 모두 함께 노력하겠다고 공약한 것이 중요했다.

싱가포르 정상회담이 끝난 직후, 나는 부속실에서 대통령 집무실로 오라는 전갈을 받았다. 여민1관 대통령 집무실로 들어가니 문 대통령은 임종석 비서실장, 정의용 안보실장 등과 함께 트럼프 대통령의 기자회견을 시청하기 위해 원탁테이블에 앉아 있었다. 모두 밝은 표정이었다. 문 대통령은 함께 기자회견을 보자고 나를 불렀다고 했다. 나는 대통령 옆자리에 앉았다.

트럼프 대통령은 기자회견 중 한미연합훈련을 '전쟁게임War Game'이라고 부르면서 비용이 많이 드니 북한과 대화 중에는 연기하겠다고 발언했는데, 우리는 모두 그의 거친 표현에 다소 의아해했지만, 그것을 한반도 평화 프로세스 진전을 위한 전략적 결정이라고 평가했다. 사실 트럼프 대통령의 발언은 이미 한미 양국 사이에서 어느 정도 논의된 사안이라 그리 놀랍지는 않았다. 2017년 12월 19일 문 대통령의 평창 올림픽을 계기로 한미연합훈련의 연기를 논의 중이라는 발언과 2018년 6월 12일 싱가포르에서 트럼프 대통령의 발언은 북한을 대화에 나서게 하고 대화의 틀에 안착시키기 위해 연합훈련을 전략적으로 활용한 한미 정상의 공조라고 할 수 있다.

사실 5월 26일 판문점 북측에서 남북정상회담이 소위 '번개팅' 형식으로 열리지 않았다면, 북미정상회담은 불가능했다. 실제로 평양정상회담 1차 회담 날인 9월 18일 오후 조선노동당 중앙위 본부청사에 마련된 문 대통령과의 정상회담장에서 김정은 위원장은 "역사적인 조미대화의 불씨를 문 대통령께서 찾아 줬습니다. 조미상봉의 역사적 만남은 문 대통령의 덕이라고 해도 과언이 아닙니다. 그 덕분에 주변지역 정세가 안정되고, 더 진전된 결과를 예상합니다. 문 대통령께서 기울인 노력에 다시 한번 사의를 표합니다."라며 우리의 역할을 인정했다. 북미회담을 주선한다? 우리 외교가 한 번도 해 보지 못했던 어려운 일이었다. 취소된 북미정상회담을 다시 재개시킨 일은 우리 외교사에서 명확히 높게 평가해야 마땅하다. 그만큼 서울-평양, 서울-워싱턴 간의 신뢰 구축이 중요함을 증명한 순간이었다.

9·19 평양공동선언과
남북군사합의

9월 19일 평양에서 열린 남북정상회담은 한반도 평화 프로세스 진전을 위한 실질적 합의를 도출했다. 9·19 평양공동선언문은 2,097개의 글자와 24개의 문장, 6개 항으로 이루어진 남북 정상 간 합의문이다. 남북 양측이 단어 하나, 문장 한 줄마다 남북 간 대화와 소통, 화해와 협력, 평화와 번영의 시대정신을 담아낸 합의문이다. 평양공동선언과 그 부속합의인 남북군사합의는 남북미가 함께 한반도 평화 프로세스를 본격적으로 가동할 수 있는 토대를 제공했다.

남한과 북한의 양 정상은 2018년 9월 19일 평양에서 만나 한반도 평화 프로세스를 크게 진전시키는 평양공동선언을 발표했다. (출처: 연합뉴스)

남북을 잇는 철도망 구축, 개성공단과 금강산 관광산업의 정상화, 서해경제공동특구와 동해관광공동특구 조성을 통한 한반도 경제공동체 구축에 합의했다. 또한 한반도의 자연생태계 보호와 복원, 방역 및 보건의료 협력을 통한 한반도 생명공동체 구성 방안에 관해서도 합의했다. 남북이 경제뿐만 아니라 생태계와 보건 분야의 공동체라는 인식을 최초로 표명한 것이다.

과거에 남측은 북과 한반도 비핵화에 관해 협의할 수 없었다. 북한이 핵문제를 북미 간 사안이라며 남측을 배제했기 때문이다. 그러나 남북 정상은 한반도가 핵무기와 핵위협이 없는 평화의 터전이 되어야 한다는 데 합의했고, 평양공동선언을 통해 한반도의 완전한 비핵화를 위한 실천적 로드맵을 제시했다. 북한은 미국의 상응조치에 따른 영변 핵시설의 영구적 폐기를 남북 정상합의를 통해 공약했다. 이는 북미 핵협상에 실질적 단초를 제공했다.

한반도의 완전한 비핵화를 추진해 나가는 과정에서 남과 북이 긴밀히 협력하기로 한 것은 한반도의 비핵화 관점에서 볼 때 중요한 선례를 만들었다고 할 수 있다. 문재인 정부는 한반도 비핵화 문제의 직접적 당사자로서 북한과 핵협상을 한 전례를 만들었고, 특히 영변 핵시설 폐기 공약을 미국이 아닌 한국 정부가 북한으로부터 받아냈다는 점은 의미 있게 평가되어야 한다. 평양공동선언에서 확인한 영변 핵시설 폐기는 향후 북미 간 협상 재개를 위한 중요한 출발점을 제공했다

하노이회담의 실패와
코로나19

2019년 2월 하노이에서 개최된 2차 북미 정상회담에서 쌍방은 단계적 핵폐기와 그에 상응하는 제재 해제에 합의를 보지 못하고 헤어졌다. 김정은 위원장은 2월 23일 평양을 출발해 66시간 동안 전용열차를 타고 중국을 가로질러 27일 하노이에 도착했다. 싱가포르 1차 북미정상회담 당시 중국

으로부터 민항기를 임차했던 것과 달리, 오랜 시간이 걸렸지만 전용열차를 타고 갔다. 일생일대의 중요한 회담이었기 때문에 중국 비행기를 타고 갈 수 없었을 것이다. 한편, 트럼프 대통령은 전용기로 18시간을 비행해 하노이에 도착했다. 그에게도 매우 긴 비행이었을 것이다.

트럼프 대통령과 김 위원장의 정상회담은 북한이 평양공동선언에서 공약한 '영변 핵시설단지의 플루토늄과 우라늄을 포함한 모든 핵물질 생산시설의 영구적 폐기'와 미국의 '상응한 조치' 사이의 간극으로 성과를 내지 못했다. 이것이 표면적 이유다. 하지만 하노이에서 북미정상회담이 열리고 있는 동안, 워싱턴에서는 트럼프의 개인 변호사였던 마이클 코언이 하원 감독개혁위원회의 공개 청문회에서 트럼프를 범죄자라고 비난히며 그의 개인 비리에 대한 폭로전을 이어가고 있었다.

2월 28일 단독 정상회담에서 김 위원장은 "내 직감으로 보면 좋은 결과가 생길 거로 믿는다."라고 발언했지만, 트럼프 대통령은 단독 정상회담에 앞선 공개 모두발언에서 "중요한 것은 우리가 올바른 합의를 하는 것"이라고 발언했다. 그리고 회담은 결렬됐다. 트럼프 대통령은 회담 결렬 후 단독 기자회견에서 "영변 해체만으론 미국이 원하는 모든 비핵화가 아니다. 미국은 어떤 것도 북한에 양보하거나 포기하지 않았다."라고 발언하고 하노이를 떠났다.

그 뒤에도 문재인 정부는 북미대화의 끈을 이어가기 위해 여러모로 노력했다. 2019년 6월 말 남북미 정상 판문점 회동 등의 반전을 시도했지만, 북미 간 의미 있는 대화가 이어지지는 못했다. 70여 년간 갈라진 불신의 강을 한두 번의 도약으로 건너기는 어려웠다. 북미 간의 대화가 교착 상태에 빠지며 남북관계도 어려움을 맞았다. 북한은 하노이회담 실패에 대한 자체평가를 했다. 남북대화의 문은 닫혔다.

북한과 미국이 협상에 실패한 것이지, 대한민국의 중재 노력이 실패한 것은 아니었다. 그래도 문재인 정부는 북미대화 재개를 위해 여러 채널을 가동하며 지속적으로 노력했다.

노르웨이를 국빈방문한 문재인 대통령은 2019년 6월 12일 오슬로대학이 주최한 오슬로포럼에서 "직접적 폭력이 없는 소극적 평화보다는 구조적 갈등 요인을 찾아 해결하는 적극적 평화"라며 적극적 평화의 중요성을 강조했다. 한반도의 역사 중 과거 100년의 역사가 열강들의 침탈, 일제의 강제 병합, 일제강점, 전쟁과 분단, 냉전으로 이어지는 등 국제 질서의 변화로 강요받아 온 역사였음을 지적했다. 문 대통령은 "갈등의 가장 큰 요인은 서로 간 적대하는 마음"이라며 "무엇보다 교류와 협력을 통해 서로를 이해할 수 있어야 구조적 갈등을 찾아 해결할 수 있을 것"이라고 덧붙였다.

특히 문재인 대통령은 더욱이 한반도의 불안정한 전쟁의 부재

2019년 6월 30일 판문점에서 만난 남북미 세 정상. 문재인 정부는 하노이회담 결렬 이후에도 남북미 간 대화의 불씨를 되살리기 위해 각고의 노력을 다했다. (출처: 연합뉴스)

는 남과 북은 물론 국제사회에서 정치적으로 악용되어서는 안 되며, 궁극적으로 "평범한 국민의 생명과 생존의 문제로 확장해야 한다."라고 한반도의 적극적 평화인 항구적 평화 개념을 독일 유력지 〈FAZ〉에 제시했다.

2020년 2월 코로나19의 전 세계적 확산으로 남북 간의 의미 있는 소통은 매우 어려워졌다. 코로나19는 그 어떤 제재도 이루지 못했던 북한의 봉쇄를 초래했다. 방역 역량이 부족한 북한은 국경을 완전히 걸어 잠갔다. 북한은 2020년 6월 우리 민간단체의 대북 전단 살포를 비난하면서 남북통신선을 차단하고, 남북

공동연락사무소를 폭파하기까지 했다. 당시 청와대 위기관리센터에서 이 장면을 실시간으로 보고 있었던 나는 북한에 대한 배신감으로 어찌할 바를 몰랐다. 어떻게 만들어 낸 연락사무소인데…. 욕이 나올 정도였다.

2021년 1월 바이든 행정부가 들어서고, 한미는 5월 21일 정상회담을 워싱턴에서 개최했다. 바이든 행정부는 야당 시절에 트럼프 전 대통령의 대북정책을 비난한 바 있다. 5월 21일 한미정상회담 때 양측이 발표한 공동성명서에서 한미는 2018년 판문점선언과 싱가포르선언의 중요성을 강조하고 이를 계승해 북한과 외교적으로 접근하겠다고 발표했다. 문재인 정부가 바이든 정부를 설득한 결과였다. 그 이후 미국 측은 대북정책에서 외교가 우선이라고 말하며 북한과 조건 없는 대화를 공개적으로 제안했다.

문재인 대통령과 김정은 위원장은 정기적으로 서한을 교환했다. 양 정상의 친서 교환은 2021년 7월 중단된 통신선의 복원으로 이어졌다. 그러나 남북대화는 복원으로 이어지지 못했다. 코로나19의 벽은 북한이 세계를 향해 세운 불신의 벽만큼 높았다. 코로나19가 발생하지 않았다면 남북과 북미 간의 대화가 복원됐을까 하는 생각을 하곤 한다.

07

우리는 실패했는가?

평화는 과정이다

　　나는 '우리 정부가 2017년 5월 문재인 대통령 취임 직후부터 북한을 지속적으로 설득하고 대화하지 않았다면 오늘날 한반도의 안보 상황은 어땠을까?'라는 생각을 한다. '남북군사합의를 체결하지 않았다면, 비무장지대의 군사적 긴장은 어땠을까?', '북미 간 대화와 협상을 진행했던 2017년부터 2019년 사이에 남북 간 군사적 충돌이 발생했다면, 그 과정이 제대로 진행될 수 있었을까?', '2019년 2월 하노이에서 영변 핵시설부터 파기한다는 데 북미가 합의했다면, 2023년 오늘의 북미 관계와 한반도 안보 상황은 어떤 모습이었을까?', '미국과 북한이 서로의 상응조치에 협의하고 하나둘씩 차근차근 진전시켜 나갔더라면 오늘의 북핵 문제는 어떤 상황이었을까?' 등의 질문을 해보기도 한다.

　　문재인 정부는 북한의 핵·미사일 위협을 멈추게 하고, 군사합의 체결과 이행을 통해 소극적 평화를 공고히 했다. 남북정상회담과 북미정상회담을 통해 적극적 평화로 나아가는 과정을 꾸준히 전개하고자 노력했다. 언론에 공개되지 않은 고위실무진들의 움직임이 서울과 워싱턴에서 이루어졌다. 한반도 평화 프로세스의 길은 쉽지 않았다. 쉬우리라고 생각했던 적은 없다.

국제정치학에서는 평화 프로세스를 국제분쟁이 전쟁으로 확전되는 것을 관리하는 과정으로 정의하곤 한다. 또한 전쟁을 예방하고 적극적 평화를 구축하기 위한 일련의 협상, 외교적 노력, 정치적 화해 등을 평화 프로세스의 주요 정책으로 손꼽는다. 이론적으로 평화 프로세스의 목표는 분쟁 당사자들의 안위와 안전을 유지하면서 분쟁 당사자 모두를 위한 공정한 평화를 만드는 것이다. 우리에게만 평화가 와서는 안 된다. 북한에도, 그리고 한반도 주변 국가들에도 한반도의 평화는 공공재여야 한다.

서로의 다른 체제와 반목, 이질적 사회문화체계는 협정과 합의로 즉시 해결되지 않는다. 협정과 합의로 가는 과정, 그리고 그 이후에 이를 이행하는 과정을 통해 서로 간의 동질화가 필요하다. 그 과정이 평화 프로세스다. 우리는 그 과정을 본 궤도에 올리지 못했다. 제재와 팬데믹의 벽도 높았지만, 북미와 남북 간 불신의 벽은 높고 두터웠다.

한반도의 평화는 남과 북이 지향하는 최종 목표를 조정해 가며 도달해야 하는 일련의 정치·군사·경제·사회적 과정이다. 화해는 현재완료형으로 끝나지 않는다. 즉, "남과 북, 북과 미는 화해

했다."라는 표현은 국제정치적으로 옳지 않다. "화해를 지속적으로 하고 있다."라는 표현이 맞다. 독일과 프랑스 그리고 유럽 국가들은 2차 세계대전이 끝난 지 70년이 넘은 지금까지도 여전히 끊임없이 화해와 용서라는 정치적 행위를 반복한다. 이 반복적 행위를 통해 서로 간의 평화를 확인하고 공고히 한다. 우리에게 한반도 평화 프로세스가 일회성이 아닌 이유는 여기에 있다. 평화는 쉽게 오지도 않으며 주어지지도 않는다. 평화는 과정이다.

문재인 정부의 모든 것에 비판적인 사람들은 한반도 평화 프로세스는 실패라고 주장하기도 하고, 남북정상회담과 북미정상회담을 정치쇼라고 일축하기도 한다. 그들은 한반도 평화 프로세스가 평화쇼였으며 북한에 굴종적인 정책이었다고 폄하한다. 한미관계를 파탄 지경에 이르게 했으며 김정은에게 속았다고도 한다. 더 나아가 그 때문에 대한민국의 안보는 더욱 어려워졌다고 주장한다. 다 말도 안 되는 정략적 평가들이다. 안보를 정쟁으로 재단하는 것만큼 어리석은 일은 없다.

왜 한반도의 평화를 이루기 위한 노력 자체를 비난하는지 모르겠다. 한반도 평화 프로세스 이외의 다른 대안이 있는가? 지난 5년간의 평화를 어떻게 부정할 수 있는지도 모르겠다. 단 한 명의 대한민국 국군장병도 목숨을 잃지 않았다. 한 푼의 돈도 북한에 지불하지 않았다. 양측의 군사적 충돌은 없었다. 한미는 서로 보조를 맞췄다. 그렇다고 해서 문재인 정부가 북한의 의도만 믿

었던 것은 아니다. 관건은 북한의 비핵화 의지가 변하지 않게 유
도하는 한국과 미국의 대북정책이었고, 적어도 문재인 정부는
이를 알고 있었다. 또한 우리는 역대 어느 정부보다 국방력과 보
훈정책을 강화했고, 우리의 역량에 맞게 국제사회에서 역동적인
중추국이 되기 위한 외교를 활발히 펼쳤으며, 코로나19 국면을
국민과 함께 극복하기도 했다. 그리고 이런 역량과 성과를 바탕
으로 당당히 한반도 평화 프로세스를 추진했다.

지속적 평화
프로세스의 가능성

문재인 정부 기간에 시도했던 한반도의 항
구적 평화 구축과 완전한 비핵화는 그 입구에서 멈췄다. 한반도
평화가 미완의 상태고 긍정적 변화가 계속되지 못한 것은 사실
이다. 그러나 문재인 정부가 일관되게 추진한 한반도 평화 프로
세스의 성과는 적지 않다. 9·19 군사합의에 따라 접경지역의 군
사적 긴장이 완화됐다. 이명박 정부 기간에 비무장지대의 국지
도발 횟수가 228회, 박근혜 정부 기간에는 108회였던 것이 문재
인 정부 동안에는 5회에 그쳤다. 3회의 남북정상회담과 수많은
정상 간 서한은 북한과 미국을 협상하게 하는 데 큰 마중물의 역
할을 했다. 그 어느 때보다 미국과 신뢰를 깊게 쌓았고 공조를
유지했다. 판문점을 비무장화해 재개방했고, DMZ에 평화의 길

이 열려 국민이 체험할 수 있는 일상의 평화도 이루어졌다. 대한민국 대통령이 평양 능라도경기장에서 15만 평양 시민에게 직접 한반도 비핵화와 평화체제 구축의 필요성을 천명했다.

한반도 평화 프로세스는 북미·남북 간의 작은 결실들을 차근차근 쌓아 가는 과정이다. 그 과정에는 서로 신뢰를 형성하고 한반도의 안보 상황을 적극적 평화로 전환하려는 노력이 담겨 있다. 2017년 우리 정부가 미국의 최대 압박 전략을 따라만 했다면, 북한에 대해 강압적 태도로만 일관했다면, 그래서 그런 정책들이 한반도의 전쟁으로 이어졌다면, 그나마 오늘날의 평화는 없었을 것이다. 평화를 위한 노력을 비판하는 것만큼 무모한 일은 없다. 그 무모함을 어떻게 책임질 것인가? 또 다시 전쟁을 할 것인가?

문재인 정부의 평화 프로세스를 통해 한반도의 평화는 바로 우리가 만든다는 사실을 확인할 수 있었다. 대한민국 정부가 주도적으로 뚜벅뚜벅 평화 프로세스를 진전시켜 나아갈 때, 비로소 평화는 차곡차곡 쌓여 간다는 뜻이다. 한반도에 평화를 구축하기 위한 정책적 선택과 이를 이행하기 위한 노력은 대한민국 정부가 주도해야 한다. 대한민국 정부가 움직이지 않으면, 미국을 포함한 주변국들은 현상 유지를 선택할 뿐 아무도 움직이지 않는다. 남북관계와 북미관계가 앞서거니 뒤서거니 보조를 맞출 때만 지속적 평화 프로세스가 가능하다.

역사는 시대의 성공과 실패의 기록만이 아닐 것이다. 바로 평화를 만들고자 했던 사람들이 어떤 꿈과 방법론으로 어떤 평화를 이루고자 했는지에 관한 노력과 바람의 기록이기도 하다. 불안한 한반도의 소극적 평화를 적극적 평화로 전환하기 위해 한반도 평화 프로세스를 추진했던 과정 역시 역사다. 그런데도 보수 쪽에서는 "문재인 정권은 김정은이 비핵화를 결심했다는 거짓말을 트럼프 미국 대통령에게 중계했고, 김정은은 트럼프 대통령을 싱가포르, 하노이, 비무장지대로 끌고 다니면서 비핵화 평화쇼를 펼쳤다."라고 국민을 현혹하며 한반도 평화 프로세스를 비하한다. 물론 그들은 평화 프로세스를 대신할 대안을 제시하지 못한다. 대안이 없지 않은가? 문재인 정부에서 5년간 추진했던 한반도 평화 프로세스의 역사는 그 과정을 연구해야 할 대상이지 값싼 정쟁의 입놀림으로 평가받을 일이 아니다.

자유롭고 평화로운 한반도에서 지금을 살고 있는 남과 북의 시민들은 공동의 번영을 누려야 하며, 후세들은 지금 우리가 겪고 있는 전쟁과 분쟁의 불안으로부터 자유로워야 한다. 현재를 살고 있는 우리에게는 적극적 평화를 만들어야 할 책임이 있다. 문재인 정부 이후에 들어서는 모든 대한민국 정부도 이 책임을 방관해서는 안 될 것이다.

우리는 비무장지대 내 초소를 철거하고,
JSA를 완전한 비무장 구역으로 만들 수 있었습니다.
오랜 세월 가족의 품으로 돌아가지 못한
국군의 유해를 발굴할 수 있었던 것도,
분단의 상징이었던 판문점에서
남·북·미 정상이 만날 수 있었던 것도,
미국의 현직 대통령이 사상 최초로 군사분계선을 넘어
북한 땅을 밟을 수 있었던 것도,
모두 남북군사합의를 이끌어 내고 실천한
군의 결단이 있었기에 가능했습니다.

―2019년 10월 1일, 문재인 대통령 제71주년 국군의 날 기념사 중에서

Chapter 2

남북군사합의

01

군사분계선과
비무장지대

　　　　　　한반도의 분단은 남한과 북한이 실존하는
분단선으로 분리되어 있음을 의미한다. 이 분단선을 우리는 휴
전선이라고 부른다. 휴전선은 1950년 6월 25일 북한의 남침으
로 시작된 6·25 전쟁을 1953년 7월 27일 정진협정을 체결해 '잠
시 멈추고' 양측 군사 활동의 한계선을 규정한 임시선이다. 정전
협정에서는 '남과 북의 중간을 가로질러 분리하는 선'을 군사분
계선MDL, Military Demarcation Line이라고 정의해 놓았다. 한반도의
중간을 갈라서 물리적으로 남과 북을 분리한 휴전의 선이 바로
군사분계선이다.

　군사분계선의 길이는 동서로 약 248㎞다. 군사분계선을 기
준으로 해서 남과 북으로 2㎞씩 총 4㎞ 구간을 비무장지대DMZ,
De-Militarized Zone라고 한다. 정확히 가로 248km, 세로 4㎞ 공간이
비무장지대다. 면적은 약 907㎢(약 2억 7,000만 평)인데, 여의도

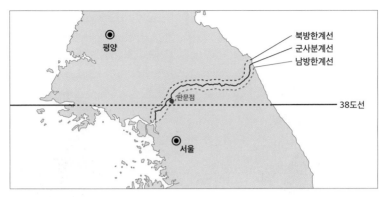

북방한계선
군사분계선
남방한계선

평양

판문점

서울

38도선

남북을 갈라 놓고 있는 군사분계선과 비무장지대.

면적(4.5㎢)의 약 202배, 서울특별시 면적(605.24㎢)의 1.5배 크기다. 한반도 면적의 250분의 1에 해당한다.

1953년 7월 27일 정전협정이 체결된 직후, 지도상에 그려 놓은 군사분계선을 따라 200m 간격으로 '군사분계선' 표식인 말뚝 1,292개를 땅에 심었다. 서해안 군사분계선 경기도 파주시 강정리 임진강변에 있는 군사분계선 표식판 1호를 시작으로 해서 동쪽으로 200m 간격으로 동해안 군사분계선 고성군 동호리의 마지막 표식판 1,292호까지 땅에 박았다. 정전협정을 통해 이 공간을 무장 공백 지역으로 설정해서 양측의 우발적·의도적 무력 충돌을 방지하고 휴전 상태를 유지하고자 했다.

2018년 4월 27일에 문재인 대통령과 김정은 위원장은 판문점 도보다리 위 군사분계선 '101호 표식물' 왼쪽에 마련된 탁자에 앉아 30분가량 배석자 없이 사실상 단독 회담을 가졌다.

2018년 4월 27일 판문점 도보다리에서 이루어진 문재인 대통령과 김정은 위원장의 단독 회담 장면. (출처: 연합뉴스)

그런데 아이러니한 점이 하나 있다. 군사분계선은 철책선이 아니다. 실제로 한반도의 군사분계선은 지도상에만 존재한다. 하지만 종종 텔레비전에서 볼 수 있는 전방 장면은 국군장병들이 철책선에서 경계를 서는 모습이다. 그래서 이 철책선을 휴전선이라고 생각할 수 있는데, 이는 남방한계선이다. 그러니까 군사분계선을 기준으로 남쪽 2㎞ 지점에 설치된 철책선이다. 우리 장병들은 군사분계선이 아니라 남방한계선에서 경계를 선다. 북한에도 군사분계선에서 북쪽으로 2㎞ 지점에 북방한계선이 있다. 남과 북에는 각각 남방한계선과 북방한계선이 있고, 그 사이

평화의 힘

에는 비무장지대가 있어 한반도의 분단을 물리적으로 규정한다.

DMZ는 지형에 따라 평평한 들판이기도 하고, 험준한 산맥이기도 하다. 그래서 당시 남북 양측의 군인들이 군사분계선 표식을 정확한 장소에 꽂았다고 보장할 수 없다. 군사분계선이 깊은 계곡이나 넓은 하천, 높은 산 정상을 지나갈 수 있기 때문이다. 또한 70년이란 긴 시간이 지나는 동안 많은 표식이 그 자리에 있지도 않다. 표식이 있어야 할 곳에서 말뚝들이 사라진 지 오래됐다. 그 자리에 있다고 해도 표지판이 새까맣게 녹이 슬어 버리기도 했다.

표식은 사라지고 말뚝만 남은 곳들도 있다. 수풀의 모습, 땅의 형태와 군사분계선이 통과하는 지형이 그려진 지도를 보고 '아마 저쯤이 군사분계선이 지나는 곳'이라 가늠하는 경우도 있다. 어쨌든 남북을 분리하는 물리적 경계선인 군사분계선은 철책선이 아니다.

비무장지대는
중무장지대?

비무장지대는 대개 6·25 전쟁 당시 남과 북, 유엔군과 중공군이 한 치의 땅이라도 더 차지하기 위해 치열한 전투를 치른 지역이다. 수많은 장병의 젊은 죽음이 온 산야에 펼쳐져 있는 곳이다.

휴전의 시간이 70여 년이나 지나는 동안 비무장지대는 더는 '비'무장지대라고 부르기에 민망할 정도가 됐다. 이 지역에는 남과 북의 군사시설이 들어섰으며, 정찰과 경계와 같은 군사 활동이 일상화됐다. 폭 4㎞를 유지해야 하는 비무장지대는 지도상에만 존재한다. 북한 쪽 북방한계선은 산악 지역이 대부분이어서, 북방한계선을 표시한다고 산중턱에 비탈길을 만들었다. 그런데 이 비탈길 앞쪽에 철책선을 세우면서 자연스럽게 비무장지대 안으로 들어왔다. 군사용어로는 추진철책선이라고 한다.

우리 측도 이에 대응하기 위해 남방한계선 철책을 비무장지대 안으로 들여서 세웠다. 비무장지대 안에는 북한군을 감시하는 중무장한 경계초소GP, Guard Post 60여 곳이 있었다. 북한도 마찬가지로 비무장지대 안에 경계초소 160여 곳을 배치해 뒀다. GP 하나에 약 40여 명의 장병이 근무하니까 남과 북에서 8,800여명 이상의 중무장한 병력을 비무장지대에 배치했다는 추정이 가능하다. 고립된 비무장지대의 한정된 공간에서 이 장병들은 사실상 전투대기에 준하는 상황을 40여 일간 보내고 교체된다. 비무장지대 한가운데 고립되어 있는 탓에 경계초소의 병사들과 간부들 모두 심리적 긴장감이 팽팽하다. 그야말로 초긴장 상태로 북을 바라본다. 북측도 같은 상황일 것이다.

우리는 북쪽으로 추진된 남방한계선에 일반전초GOP, General Out-Post를 둬서 비무장지대를 감시하거나 비무장지대 내의 경계

평화의 힘

초소를 지원한다. 어떤 지역은 양측 초소 간의 거리가 550m로 매우 가까운 곳도 있다. 양측의 경계초소에서 소리를 지르면 서로 대화가 가능할 정도다.

거꾸로 이야기하면, 폭 4km가 채 안 되는 공간에서 양측의 군대가 서로 경계와 정찰을 하고 있으며, 지뢰를 매설해 놓고, 서로를 향해 화력을 집중 겨냥하고 있다는 의미다. 지도상에만 존재하는 군사분계선을 사이에 두고 남과 북이 대치하고 있는 상황인 것이다. 정전협정 〈제1조 군사분계선과 비무장지대〉에는 공식적으로 남과 북이 이 지역에 군대의 주둔과 군사시설의 설치를 금지하고 있지만, 70여 년이라는 분단의 시간 동안 그 성격이 적대적으로 변하면서 무장 공백 지역이 중무장의 공간으로 변했다.

한반도에서 북한의 핵문제를 둘러싸고 정치적 긴장이 고조될수록 서울과 평양의 의도와 달리 비무장지대 내의 매우 가까운 거리에서 민감하게 서로 대치 중인 병력들이 군사적으로 충돌할 가능성이 커진다. 그렇게 되면 이는 국지전으로 확전될 수도 있다. 한반도 안보 딜레마 구조 때문에 소극적 평화가 깨지는 것이다. 만약 한반도 비핵화 협상 국면 중에 비무장지대 지역에서 남과 북의 병력이 충돌하고 확전이라도 된다면, 한반도 비핵화의 판은 깨질 수 있다. 70년 전 맺은 정전협정대로 비무장지대를 비무장지대로 만드는 일이 한반도 평화의 첫걸음이다.

이 지대를 평화지대로 바꾸는 일은 군사적 긴장과 충돌로 한반도가 전쟁 직전brink of war까지 갈 수 있는 불안한 구도를 바꾸는 작업이기도 하다. 항구적 평화로 가는 평화 프로세스의 초기 단계에서 비무장지대를 진정한 비무장지대로 전환하는 일은 매우 중요한 의미를 갖는다.

02

대북 확성기와
4·27 판문점선언 제2조 1항

시끄러운
비무장지대

　　대북 확성기 방송은 비무장지역 근방에서 우리 측이 오랜 기간 활용해 온 대북 심리전 수단이다. 북한도 대남방송을 활용해서 우리 측을 향해 심리전을 편다. 우리는 1963년 5월 1일 최초로 북을 향해 확성기 방송을 시작했다. 1972년 7·4 남북공동성명을 체결하면서 남북은 그해 11월에 확성기 방송을 중단했는데, 1980년대에 확성기 송출을 재개했고, 남북관계의 부침에 따라 송출과 중단을 반복했다.

　　우리 측은 '자유의 소리'라는 라디오 방송을 확성기로 송출했는데, 그 내용은 우리 체제의 우월성과 북한 내부의 실상, 북한의 최고지도자에 대한 비난, 인기가요, 국제뉴스, 기상예보 등에 이르기까지 다양했다. 2017년 당시 우리 측은 전방 지역 10여 곳에 고정식 확성기와 이동식 확성기 40여 대를 운용하고 있었다. 우리가 보유한 확성기는 '고출력 스피커'를 통해 20~30㎞ 전방으로 자유의 소리를 방송했다. 사실 북측 어디까지 우리의 방송 내용이 전달되는지는 알 수 없다.

이명박·박근혜 정부 시기, 북한의 2010년 천안함 폭침 사건과 2015년 비무장지대 목함지뢰 사건, 2016년 4차 핵실험 등을 계기로 우리 측은 대북 확성기 방송을 대북전략자산이라며 적극적으로 활용해 왔다. 그리고 이를 우리 측이 사용할 수 있는 '핵심 비대칭 전력'이라고 강조했다. 북한은 우리의 확성기 방송에 민감한 반응을 보였다. 북한도 대남 확성기 방송을 송출해 대응했으며, "비무장지대를 새로운 북침전쟁의 도폭선으로 만들어 놓으려는 괴뢰들의 흉심"이라며 맹비난했다.

2015년 8월 목함지뢰 도발에 맞서 우리 군이 11년 만에 경기도 연천군 일대에서 확성기 방송을 재개하자, 북한이 확성기를 조준해 직접 사격하기도 했다. 2018년 4월 이전까지 비무장지역 일대는 남북 양측의 고성능 확성기를 통해 울려 퍼지는 상호 비방 방송 때문에 단 하루도 조용할 날이 없었다.

2017년 당시 한반도 평화 프로세스를 더 안정적인 구도에서 시작하기 위해서는 비무장지대의 군사적 긴장을 낮추는 일이 무엇보다도 중요했다. 나는 평화군비통제비서관으로서 행정관 2명과 함께 우리 측 전방 지역을 여러 차례 답사했다. 국민들은 비무장지대가 긴장감은 높아도 산림이 우거진 지역이니 매우 고요하고 목가적인 곳으로 여길지도 모른다. 나 역시 그렇게 생각

평화군비통제비서관 시절 나는 전방을 여러 차례 답사했다. 좌측이 필자.

했다. 그러나 비무장지대는 매우 시끄러웠다.

북한의 대남 비난 방송과 우리의 대북 확성기 방송이 서로 섞여 무슨 방송을 하는지 내용을 파악할 수 없었다. 양측의 고출력 스피커들이 뿜어내는 방송이 서로 반사되어 비무장지대 일대의 소음은 말로 표현할 수 없을 정도였다. 귀가 멍했다. 대화가 불가능할 정도였다. 우리 장병들은 이런 소음공해 환경에 24시간

노출되어 있어, 정신이 혼미하기까지 하다고 말할 정도였다. 그렇지 않아도 고립된 근무 환경 속에 시끄러운 상호 비방 방송에까지 노출된 남북 양측 장병들의 신경은 매우 날카로웠다. 이런 상황은 비무장지대의 긴장도를 악화시켰다.

개인적으로 2018년 4월 27일 문재인 대통령과 김정은 위원장이 서명한 판문점선언 내용 중 제2조 1항이 비무장지대의 군사적 긴장감을 낮추고 평화 프로세스의 분위기를 높이는 데 기여했다고 생각한다. 판문점선언 제2조는 "남과 북은 한반도에서 첨예한 군사적 긴장 상태를 완화하고 전쟁 위험을 실질적으로 해소하기 위해 공동으로 노력해 나갈 것이다."라고 되어 있다. 그리고 1항을 통해 "당면하여 5월 1일부터 군사분계선 일대에서 확성기 방송과 전단 살포를 비롯한 모든 적대행위를 중지하고 그 수단을 철폐하며 앞으로 비무장지대를 실질적인 평화지대로 만들어 나가기로 했다."라고 합의했다. 남과 북 모두 접경지역의 확성기 방송 중단과 철거를 비무장지대의 군사적 긴장을 낮추기 위한 긴급 처방으로 인식했다는 데 의의가 있다.

합의에 따라 남과 북은 비무장지대의 확성기를 철거하기로 했고, 실제로 5월 1일부터 사흘 만에 철거작업을 완료했다. 그 이후로 비무장지대 일대에서 양측의 확성기 방송이 뿜어내는 소음은 사라지고, 새 소리나 바람 소리와 같은 자연의 소리로 대체됐다. 당시 나는 장병들 대부분이 대학에서 군에 온 대학생 또래들이라 교수로서 안쓰럽게 생각했는데, 우리 측 장병들이 조금이나마 덜 고된 환경에서 자연의 소리를 들으며 비무장지대 경계 근무를 설 수 있다는 생각에 안도감이 들기도 했다.

대북 확성기 방송은
효과적이지 않다

나는 기본적으로 남과 북의 정치적 관계가 나빠진다고 해도, 비무장지대 일대의 긴장을 인위적으로 높이는 군사적 행동에는 반대한다. 비무장지대는 말 그대로 비무장의 공간으로 복원해야 한다고 믿는다. 그래야 접경지역에서 불필요한 우발적 군사 충돌을 예방할 수 있기 때문이다.

2023년 1월, 윤석열 정부가 북한의 도발에 대한 대응조치로 9·19 군사합의를 효력정지하고, 대북 확성기 방송을 재개하는 방안을 검토 중이라는 보도를 봤다. 대북 확성기가 북한 주민의 마음을 흔들고, 북한군의 사기를 저하시켜 북한 정권을 위협할 무기라는 전문가들의 말을 인용하는 언론의 기사들도 보이기 시작했다.

최첨단 시대를 살고 있는 우리에게 여전히 고출력 스피커를 북쪽에 대고 방송을 틀어 대는 방안이 최선이라는 의견은 납득하기 어렵다. 그 확성기가 뿜어내는 방송의 음질을 직접 들어 보고도 그런 생각이 들지 의문이다. 그 소음공해 속에서 다시 근무하게 될 우리 장병들의 심리적 건강이 걱정되기도 한다. 또한 조용해야 할 비무장지대에서 확성기 '소음' 때문에 긴장 상태가 높아지면, 접경지역 주민들은 그로 인한 생계의 불안을 고스란히 짊어져야 한다.

북한 주민들의 마음에 영향을 주고자 한다면, 북한과 접촉면을 늘려야 한다. 북한 당국과 대화할 수 있는 길을 만들고 대화의 현장에서 우리의 이익에 맞게 북과 협상하는 길밖에 없다. 알려진 바와 같이 북한 주민들은 우리의 대중문화를 이미 접하고 있다. 그러니 우리의 발전상을 완전히 모르고 있다고 가정하는 것은 틀리다.

나는 2013년 가을 학기에 독일 분단 당시 서독의 심리전 총책임자였던 오르트빈 부흐벤더 예비역 대령을 특강 강사로 초청한 적이 있다. 그의 특강 내용 중 지금도 생생히 기억나는 부분이 있다. 서독 정부가 동독을 향해 시행한 심리전보다 더 큰 효과를 거둔 방법은 민간의 광고였다고 했다. 상대방에 대한 비방이나 정치지도자의 권위를 비난하는 내용은 효과가 없었다. 오히려 중고차 가격과 할인율, 식품 종류와 가격, 백화점 세일 품목 등과 같이 서독인의 일상을 담은 텔레비전 광고가 동독인들에게 많은 영향을 미쳤다고 했다. 물론 이런 심리전은 1972년부터 서독 정부가 일관적으로 유지했던 빌리 브란트의 '접근의 의한 변화' 정책과 병행해서 진행되어 더욱 효과가 있었다.

부흐밴더 대령의 강의는 시사하는 바가 크다. 남북관계가 군사적으로 긴장이 높아지는 가운데 대북 확성기 방송 재개와 같은 조치는 불안한 관계를 더욱 나쁘게 만들 뿐이며, 한반도의 안보 상황을 더욱 열악하게 한다. 비무장지대는 조용해야 한다.

03

남북군사합의를
이끌어 내다

남북군사합의안
협의

9월 14일 새벽 3시경이었다.

"실장님, 종건입니다. 남북군사합의가 타결됐습니다."

"잘 됐습니다. 수고했습니다. 대통령께 일단 보고하세요."

나도 정의용 실장도 차분한 목소리로 통화했던 것으로 기억한다. 정 실장에게 그날 밤 회담의 주요 국면마다 전화로 보고했지만, 새벽 3시경의 통화가 마지막이었다. 여민3관 옥상에 올라 경복궁과 세종로를 바라보며 담배를 피웠다. 평화군비통제비서관실 직원들도 함께 있었다. 우리는 기뻤지만, 차분하게 대통령에게 올릴 회담상황보고서를 준비했다.

문재인 대통령과 김정은 위원장은 4·27 판문점선언 제2조에서 남북 간 군사적 긴장 완화 및 신뢰 구축을 위한 실질적 추진 방향을 제시했다. 특히 상호 적대행위 중지, 비무장지대의 평화지대화, 서해 NLL 일대 평화수역화, 남북 간 교류협력을 위한 군사적 보장 그리고 이를 논의할 장성급 군사회담 개최 등에 합의 했다. 이에 따라 남북의 군 당국은 6월부터 9월까지 장성급 군사 회담과 군사실무회담을 연이어 개최했다.

나는 남북군사당국간회담을 기획하고, 북측과의 협상안을 국 방부 등과 협의했다. 국방부에서는 김도균 대북전략기획관팀이 합참과 논의해 여러 안을 만들었다. 당시 합참의 작전본부장은 서욱 중장, 작전부장은 안준석 소장이었다. 여기서 강조하고 싶 은 점은 이미 국방부에서 역대 정권을 거치면서 군비통제 관점 에서 많은 연구를 해 놓았다는 것이다.

또한 청와대 안보실에서 협상안을 동부, 서부, 중부에 몇 ㎞를 훈련제한지역과 비행금지구역 등으로 정하라고 국방부에 지침 을 하달하지 않았다. 합참이 육해공군과 해병대가 제안한 협상 안을 협의하고, 합참과 국방부가 작전상에 문제가 있는지, 어디 까지 늘리거나 줄일 수 있는지를 검토한 후에 이를 청와대가 수 용했다. 소위 위에서 찍어 내리는 안을 만든다 하더라도 현장에 서 합의안을 이행해야 하는 군의 지지가 없으면 합의는 지속 가 능하지 않다. 따라서 군의 의견을 수렴하는 절차가 당시에는 매 우 중요했다.

일부에서 제기하는 유엔사 및 미국과 사전 조율이 없었거나 부족했다는 주장은 사실이 아니다. 군사회담의 협상 진행 내용 은 유엔사 측과 긴밀히 협의했다. 유엔사 측과의 합의안 문안 조율도 북한과의 협상만큼 중요했다. 국방부 협상팀은 유엔사와 연합사 등과 보안을 유지한 채로 협상 내용과 진행사항 등을 긴밀히 공유하며 조율해 나갔다. 그뿐만 아니라, 각 군과 협상안을 협의하는 동안 주한미군과도 의견을 공유했다. 군사합의의 우리 측 협상안은 우리 군이 만들었으며, 북한군과 협상해서 결정했다.

남북 양측은 판문점선언 제2조를 실현할 수 있는 입장과 협상안을 교환하고 포괄적 군사합의안에 관해 협의했다. 서로 얼굴을 마주 보는 대면 협상은 장성급 2회, 실무급(대령) 1회를 진행했지만, 전통문(傳通文, 남북 간에 오가는 공문을 뜻하며 통상 팩스를 활용해 보내고 받음)을 활용해 서로의 협상안을 문서로 수십 차례 주고받으며 협상을 진행했다. 남북 간의 협상을 문서로 진행한 일은 사상 처음이 아닐까 싶다.

처음에 5~6장 정도였던 합의안은 문서 협상이 진행될수록 분량이 늘어났으며, 점점 더 자세한 내용이 담기기 시작했다. 나는 우리 협상팀에게 우리가 제시하는 합의안은 북한 협상팀이 김정은 위원장에게 직접 보고할 수 있는 문건이라는 가정하에 더 명확하게 우리의 입장을 담아서 제시하라고 했다. 우리가 북측에 제안한 합의안은 김 위원장이 결정해야 할 내용이라고 생각했기 때문이다. 9월 평양정상회담 전에 방북했던 우리 특사단 역시 김 위원장이 우리 측 협상안을 직접 확인하고 추인하고 있다는 사실을 확인한 바 있었다.

우리 측은 협상에서 우위를 유지하고자 했다. 근본적으로 협상 구도는 우리가 더 적극적일 수밖에 없었다. 북한이 9월 19일 남북정상회담의 '호스트'였던 만큼, 북한 또한 군사 분야에서 실질적 성과가 필요하리라고 판단했다. 우리 측 제안이 받아들여지지 않거나 북측의 제안이 과도할 때는 소위 협상을 관두자는 식으로 북측을 압박하기도 했다. 아직도 북측이 우리에게 한탄하듯 했던 말이 기억난다. "내가 이대로 평양에 돌아가면 항복분자가 됩니다."라는 발언이었는데, 우리의 협상 태세가 매우 단단했고, 적극적이었다는 뜻이었다.

2018년 9월 13일 개최된 대령급 실무회담은 사실상 합의안의 문장과 단어, 표현 등을 최종 조율하는 회담이었지만, 자정을 넘겨 새벽 3시경까지 진행됐다. 실제로 마지막 대면 협상이 진행됐던 9월 13일에서 14일로 넘어가는 새벽에 북한 측은 휴식을 요구해 왔고, 그 이후 모종의 지침을 평양으로부터 받았는지 상호 간의 쟁점 부분들에서 우리 측 안을 대부분 수용했다. 당시 우리는 북한의 지도부가 어떤 결심을 하고 이를 협상팀에 하달했다고 판단했다.

나는 청와대에서 실무협상팀이 남측으로 귀환한 직후에 당시 우리 측 수석대표였던 조용근 대령과 통화하면서 협상 타결을 다시 한번 확인했다. 총 6개 조항으로 구성된 본문과 5건의 세부 이행내용이 담긴 붙임문서를 최종 합의했다. 매우 포괄적이며 세부적인 내용까지 담긴 총 24쪽의 합의서였다.

14일 새벽, 나는 이상철 1차장과 정의용 실장에게 보고한 후, 대통령 부속실에 문서 보고를 했다. 날이 밝은 후, 안보실장과 함께 대통령에게 대면 구두 보고를 한 것으로 기억한다. 문 대통령은 꼼꼼히 합의문을 읽어봤다. 그는 매우 차분했고 합의 내용을 신뢰했다. 나는 14일 밤 백악관 NSC의 포틴저 보좌관에게 전화를 걸어 군사합의 타결과 주요 내용을 공유했다.

사실상의 불가침
합의서

9·19 평양공동선언은 남북 간 군사문제를 본문의 1항으로 구성해 양 정상이 가장 관심을 갖고 추진하는 합의 내용임을 강조했다. 문재인 대통령은 내가 보고하는 동안 남북군사합의가 평양정상회담의 하이라이트가 되어야 한다는 점을 여러 차례 강조했다. 문 대통령은 협상 결과를 주문하기보다는 "이러면 우리 국민의 안전과 국가안보에 문제는 없겠습니까?", "군과 협의했습니까?", "이곳은 왜 10㎞고, 다른 곳은 20㎞입니까?"라는 식의 질문을 던지며 우리 측 협상안을 확인했다. 문 대통령은 국방부 협상팀을 신뢰했고, 우리 군의 제안을 지지했으며, 무엇보다도 이 합의가 대한민국의 안보에 도움이 되어

야 한다는 전략지침을 명확히 피력했다.

문 대통령은 늘 토론하되, 협상 결과를 사전에 주문하지 않았다. 이를테면 '비행금지 몇 ㎞를 타결시키도록 하라.'라는 식의 지침을 내리지 않았다. 결과보다는 '군과 협의해서 진행하라.'라는 식의 과정을 주문했다. 하지만 문 대통령이 명확하게 지침을 내린 부분이 하나 있었다. 그것은 바로 현재의 서해 북방한계선NLL, Northern Limit Line을 절대 사수하라는 것이다. 이는 어떤 지침보다 명확하고 뚜렷했다.

평양공동선언문은 부속합의서로 '역사적인 판문점선언 이행을 위한 남북군사합의서'를 뒀고, 양측 국방장관이 남북한 정상이 임석한 가운데 서명식을 가졌다. 이를 통해 양 정상의 의지가 담긴 합의서임을 확인할 수 있었으며, 군사합의 이후에 바로 이행하겠다는 의지를 보여 줬다. 이런 서명식은 바로 우리 측의 요구였으며, 북한이 이를 수용했다.

남북군사합의는 한반도의 허리를 관통하는 군사분계선의 하늘과 땅, 바다에서 군사적 긴장을 획기적으로 낮췄다. 남북군사합의서는 양측의 군이 선도하는 군사적 긴장 완화와 평화가 가능하다는 사실을 확인해 준 합의서다. 남북 양측의 군이 한반도 평화의 맨 앞에 서서 실질적 평화를 만들 수 있음을 보여 준 것이다. 이와 동시에 남북군사합의는 한반도 평화의 마지막 보루다. 이 합의가 깨지면, 한반도의 소극적 평화조차 사라질 가능성

판문점선언 이행을 위한 군사 분야 합의 주요 내용(출처: 국방부)

공중 적대행위 중단 구역(고정익·회전익·무인기·기구 Buffer Zone 설정)

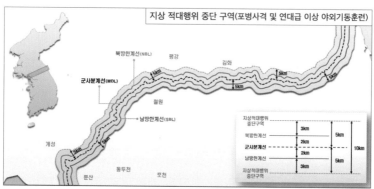

지상 적대행위 중단 구역(포병사격 및 연대급 이상 야외기동훈련)

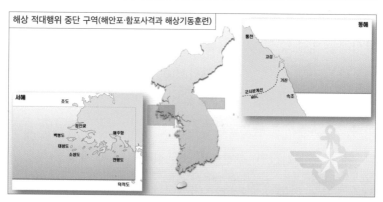

해상 적대행위 중단 구역(해안포·함포사격과 해상기동훈련)

시범적 남북공동유해발굴 지역(강원도 철원군 화살머리고지)

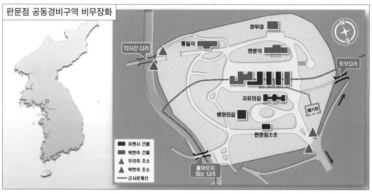

판문점 공동경비구역 비무장화

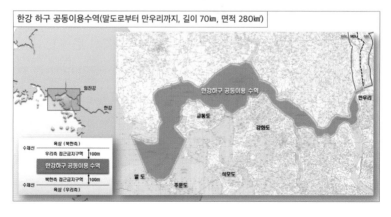

한강 하구 공동이용수역(말도로부터 만우리까지, 길이 70㎞, 면적 280㎢)

이 높아진다.

9·19 군사합의는 지상, 해상, 공중 등 모든 공간에서 적대행위를 금지하고, 판문점 비무장화 및 비무장지대 내의 상호 시범적 GP 철수, 남북 유해 발굴 등을 통한 DMZ 평화지대화와 서해 NLL 일대 공동어로수역 및 순찰을 통한 평화수역화를 추진하도록 했다. 또한 상호 교류협력, 접촉 왕래에 필요한 군사적 보장을 하며, 군사공동위를 가동해 남북 간 군사적 신뢰 구축 조치를 남북이 함께 만들어 간다는 미래 청사진도 담겨 있다. 9·19 군사합의의 영어 명칭이 포괄적 군사합의Comprehensive Military Agreement, CMA로 불리는 이유도 한반도의 안보 상황을 안정적으로 관리하고 다음 단계로 진화하기 위한 포괄적 조치들이 설계되어 있기 때문이다.

군사합의의 내용을 보면, 과거 북한에서는 절대로 받아들일 수 없었던 내용이 상당수 들어 있다. 왜 북한은 군사합의를 받아들였을까? '한반도에서 더는 전쟁이 없다.'라는 의지를 남북이 함께 군사합의를 통해 전 세계를 향해 보여 주는 것은 비핵화 실천에 있어서도 매우 중요하기 때문이다. 북한 역시 한반도의 실질적 평화를 추진하는 것이 김정은 위원장의 비핵화 의지를 더 투명하게 보여 줄 수 있는 방법이라고 판단했던 듯하다.

전방 초소GP 철수처럼 다소 불리한 점을 적극적으로 의제화한 부분도 있다. GP는 비무장지대DMZ 안에서 상대방에 근접하기 위해 설치한 군사시설물이다. 정전협정상 DMZ에는 무장시설이 들어갈 수 없다. 그런데 GP는 무장한 채로 DMZ에 있다. 북한의 경계작전 개념을 보면, 전방 GP를 주축으로 경계작전을 수립했다. 남한은 후방 GOP를 경계작전으로 설정해 놓았기 때문에 전방 GP를 철수해도 큰 부담이 되지 않는다. 하지만 북한은 그렇지 않다. 후방에 다른 시설물이 없다. 따라서 GP 철수가 북한에는 불리한 합의였다.

북한이 전방 GP를 포기할 수 없는 이유 중 다른 하나는 북한 군인들이 DMZ에서 농사를 짓기 때문이다. 파종기에는 수백 명씩 비무장지대 북측 지역으로 들어온다. 농사를 화전으로 한다고 불을 놓다 보니 산불이 자주 나기도 한다. 북한의 전방 GP는 이렇게 군사적 이유뿐만 아니라 전방 지역 군의 경제적 이유 때문에 증가했다. 정전협정상 DMZ에 수백 명이 들어오면 비상사태를 선포해야 하지만, 비무장지대가 중무장지대로 변질한 만큼 지난 70년간 유야무야 넘어갔다.

DMZ 내 GP를 철수해 비무장지대로 복원한다면, 북측이 감당해야 할 실질적 손해가 더 크다. 그런데도 북한이 남북정상회담 이전에 열린 장성급 군사회담에서 GP 철수에 적극적 의지를 보였다는 점은 매우 중요한 변화다. 그리고 그 내용이 합의문에 담겼다는 것 역시 의미가 크다고 할 수 있다.

사실 전방 GP 철수에 관한 최초의 아이디어는 한나라당에서 나왔다. 2005년 전방에서 남북한 군인들 사이에 총격전이 벌어지자, 당시 국회 국방위원장이었던 김학송 한나라당 의원은 〈매일경제〉와 인터뷰에서 군 첨단화 필요성을 주장하며 "이제는 GP에 현역 군인이 상주하면서 북한과 괜한 시빗거리를 만들 필요가 없다."라며 "수색대와 무인항공정찰기가 순찰하면 된다."라는 발언으로 GP 철수를 제안했다. 비무장지대 현장 상황을 잘 알고 있는 군인의 입장에서 보면, GP 철수는 당연한 합의이기도 하다. 박근혜 정부 기간에 국방부는 GP 철수를 포함한 여러 군비통제 협상안을 미리 만들어 놓았다. 당시 국방부의 정책실장은 신원식 장군이었다. 일부의 주장처럼 군사합의는 '무장해제'가 아니다. 수백조 원의 국방예산을 투자해도 달성하지 못할 안보의 증진이며, 무장력으로 해결되지 않는 안보의 달성이다.

  나는 평양 고려호텔에서 국내로 생중계된 별도의 브리핑을 통해 남북군사합의서를 "사실상 불가침 합의서라고 규정하고 싶다."라고 밝혔다. 양 정상의 선언을 실제적으로 구현하기 위해 양국 군사 당국이 책임지고 이를 이행하겠다는 포괄적 군사합의서라고 국민에게 알렸다. 또한 그간 선언적 수준에서 멈췄던 군사적 긴장 완화가 목표, 시간, 지역 그리고 육해공의 군사적 특성, 이행 지역의 지리적 특성에 맞게 매우 세밀하게 양측이 상호적으로 조율하고 타결했다고 설명했다. 합의서의 모든 조치는 이행 날짜와 목표 시한이 정해져 있는 만큼, "선언하고 다시 실

평양 고려호텔에서 국내로 생중계된 남북군사합의서 브리핑.

무협의를 하는 것이 아니라 이행의 구체성을 띠게 했다."라고 강조했다. 또한 남북군사합의는 "종전선언과 연결되어 있다."라고 말하며 그 의미를 다음과 같이 설명했다.

만약 종전이 된다면 군사적으로 남과 북이 어떤 모습일까 생각해 봤습니다. 종전선언을 하더라도 남북이 서해 바다에서 함포 사격 훈련과 해안포 사격 훈련을 할 것인가, 비행을 할 것인가, GP 1km 이내 한반도 재래식 분쟁의 발화점을 유지할 것인가… 그런 것들을 고려했습니다. 저희가 불가침 합의서라고 하는 이유도 남북 양측이 비핵화 과정에서 우리는 총질을 하지 않겠다고 합의했기 때문입니다. 남북관계 측면에서도 이는 지속 발전 가능을 위한 안전핀이라고 저희는 봅니다. 즉, 남북관계가 발전하고 사람이 오 가고 왕래가 심해질수록 한편으로는 이것이 안전한가라는 생각 이 드는데요. 이제는 군사적 안전 보장 조치를 통해 좀 더 안전하 게 남북관계를 견인할 수 있게 됐다고 봅니다.

평화의 힘

04

성공적인 군사합의
이행 과정

순조로웠던
이행과 검증

9·19 남북군사합의는 6·25 전쟁 이후 반세기 이상 서로 총부리를 겨눴던 남북의 군이 맺은 군비통제 관련 합의다. 남북의 군부가 한반도 평화 프로세스를 위해 비무장지대의 군사적 긴장도를 낮추는 군비통제 조치를 남북 지도자의 승인하에 합의했다. 남북 간의 우발적 충돌로 한반도 평화 프로세스가 한 발짝도 앞으로 나아갈 수 없는 상황을 방지하기 위한 최소한의 장치를 마련한 것이다. 합의 자체도 역사적이지만, 실제로 합의를 이행하는 일은 매우 중요했다. 한 번도 가 보지 못한 길을 남북의 군이 가는 셈이었다.

남과 북은 "2018년 11월 1일 0시부터 지상, 해상, 공중에서 상대방을 겨냥한 각종 군사훈련을 중지(합의문 제1조 2항)"하기로 한 합의에 따라 군사분계선으로부터 5㎞ 안에서 포병 사격 훈련과 연대급 이상 야외기동훈련을 중지했다. 군사분계선에서 5㎞

란 남방 및 북방한계선에서 각 3㎞ 거리의 지역을 말한다. 전체 10㎞ 넓이의 남북 접경지역에서 포 사격과 대규모 훈련을 중단한 것이다. 비무장지대는 물론 그 근방에서도 양측은 모든 군사행동을 중단하고 상호 완충지대를 만들어 긴장을 낮추는 조치를 시행했다.

군사분계선을 중심으로 동부 지역 40㎞, 서부 지역 20㎞를 비행금지구역으로 적용해 하늘에서도 전투기와 같은 비행기들이 비행하지 못하게 했다. 헬리콥터와 같은 회전익 항공기는 군사분계선으로부터 10㎞, 무인기는 동부 지역 15㎞, 서부 지역 10㎞, 기구는 25㎞로 각각 비행금지구역을 설정했다. 군사분계선을 중심으로 하늘과 땅에 완충구역을 설치해 6·25 전쟁 이후 군사적 긴장을 낮추는 군비통제 조치를 이행한 것이다. 단, 민간 여객기에 대해서는 비행금지구역을 적용하지 않아 향후 남북 간 민간항공이 비행할 수 있는 여지를 만들었으며, 산불 진화, 재난 구호, 응급환자 후송 등이 필요할 때는 상대방 측에 사전 통보하고 비행할 수 있도록 했다. 인도주의적이며 비군사적인 비행은 가능하게 만든 것이다(합의문 제1조 3항).

해상에서도 동·서해상 NLL 일대 일정 구역을 완충구역으로 뒀다. 이 수역에서는 포 사격 및 해상기동훈련을 중지하고, 해안포와 함포의 포구 포신 덮개를 설치해 포문을 폐쇄하게 했다(합의문 제1조 2항). 이를 통해 서해 NLL 지역 북측 해안포의 포문은 폐쇄 조치됐고, 우리 측은 이 지역 진입 시 해군 함정의 포신을 낮추고 덮개를 씌우기로 했다. 여러 차례 군사적 충돌이 벌어졌던 서해 5도 지역의 우발적 충돌을 차단하는 조치를 취한 것이다.

또한 남북 양측은 판문점 공동경비구역JSA을 비무장화하기로 했다(합의문 제2조 2항). 판문점 내에서 초소와 병력, 화기를 철수하기로 한 것인데, 공동경비구역이니만큼 비무장화가 중요했다. 2018년 10월 1일부터 남북은 군사분계선을 기준으로 동서 800m, 남북 400m 범위 내에서 각각 지뢰를 제거하는 작업을 시작했고, 10월 20일 종료했다. 북측은 자기 지역에서 5발가량의 지뢰를 찾아내 제거했다. 판문점 북측 지역에서 북측이 불도저로 지뢰 제거 작업을 하던 중 지뢰가 폭발하는 일이 발생하기도 했다. 남북은 10월 25일까지 판문점 내 화기와 탄약을 모두 철수했고, 남측 4곳, 북측 5곳인 기존 초소도 폐쇄했다.

남북은 비무장 조치를 서로 검증했다. 휴전 이후 최초였다. 우리 측 검증반장은 남승헌 중령이었다. 단, 판문점 외곽의 '돌아오지 않는 다리' 인근 북측 초소 1곳과 '도보다리' 인근의 우리 측 초소 1곳은 그대로 유지하기로 했다. 군사합의서 체결 전까지 남북 경비병들은 공동경비구역에서 권총만 허용되는 규정을 어긴 채 소총·기관총을 포함한 중화기로 무장하고 있었다. 판문점 비무장화로 양측은 권총도 차지 않는 완전 비무장 상태로 경비를 서게 됐고, 대신 왼팔에 '판문점 민사경찰'이라는 노란 완장을 차기로 했다.

남북은 공동으로 판문점 일대에 설치된 CCTV를 재배치하고 공동근무초소 통신선로를 설치했다. 양측은 검증반을 서로 교환해 무장 철수를 검증했고, 남북의 경비병들은 공동으로 설치한 CCTV를 통해 송출되는 같은 그림을 보며 판문점을 경비할 수 있게 됐다. 이로서 JSA는 1976년 북한군이 미군 장교를 살해한 '도끼만행사건' 이후 처음으로 비무장화가 됐다.

판문점의 비무장화는 남-북-유엔사 3자협의체를 통해 이행사항을 결정하며 진행했다는 데서 그 의미를 높이 평가할 수 있다. 그동안 북한은 유엔사의 존재를 인정하지 않았지만, 남북군사합의를 통해 유엔사를 인정했고, 판문점 비무장화 이행과 검증 작업을 통해 유엔사와 협력했다. 협상 단계에서 유엔사를 포함한 3자협의체 구성을 북측이 거부하기도 했지만, 우리 측은 이에 합의하지 않으면 군사합의 자체가 어렵다고 북측을 압박했다. 한미동맹의 관점에서 볼 때 유엔사를 제외한 남북만의 군사합의 이행은 불가능하다. 북한은 평양정상회담을 앞두고 군사합의 성과를 내야 했기에 우리 측 제안을 수용했으며, 이행 단계에서도 유엔사와 협조했다.

판문점의 비무장화는 비무장지대의 긴장 완화를 위해 매우 상징적일 뿐만 아니라, 실질적인 조치였다. 불과 일 년 전인 2017년

11월 14일 북한 군인이 군용 지프를 몰고 판문점 남측 지역으로 귀순하는 사건이 발생했다. 북한군은 무차별적 총격을 가했고, 귀순한 북한 군인은 7군데에 총격을 당하기도 했다. 남북 양측이 판문점 내에서 교전을 벌였다. 이와 같이 판문점은 순식간에 양측의 전투가 벌어질 수 있는 곳이다. 따라서 협상팀은 이 지역의 비무장화는 비무장지대의 군사적 긴장을 낮추는 시작점으로 인식했고, 소기의 성과를 거뒀다.

오솔길 프로젝트

합의 이행의 하이라이트는 "비무장지대 안에 있는 감시초소GP를 전부 철수하기 위한 시범적 조치로 상호 1㎞ 이내로 근접해 있는 남북 감시초소를 완전히 철수"하기로 한 조치(합의문 제2조 1항)를 이행하는 것이었다. 남북은 각각 11개의 GP를 철거했고, 서로 7인으로 구성된 검증반(검증요원 5명, 촬영요원 2명) 11개 팀을 군사분계선 너머로 투입해서 철거된 GP를 검증하는 작업을 최초로 이행했다. 특히 북한은 11월 20일 철거 대상 11개 가운데 보전 대상 1개를 제외한 10개의 GP를 오후 3시부터 4분 만에 동시에 폭파했다. 우리 측은 환경보호 등의 이유로 굴착기와 같은 중장비를 동원해 GP를 파괴했다.

2018년 12월 12일 총 154명의 비무장한 양측 군인들은 미리 합의한 군사분계선상의 연결지점에서 만나 상대측 안내에 따라 군사분계선을 도보로 넘어 분단 이후 눈으로만 바라보던 상대방의 GP 지역을 처음으로 방문하고 검증했다. 이를 위해 '오솔길 프로젝트'를 시행했다. 우리 측은 군사분계선까지 기존 순찰로 등을 다시 연결하거나 새로운 길을 내야 했다. 북한도 마찬가지였다. 당시 서주석 국방차관은 "남북 현역 군인들이 오가며 최전방 초소의 완전한 파괴를 검증하게 될 새로운 통로가 그동안 분열과 대립, 갈등의 상징이었던 비무장지대를 평화지대로 바꾸는 새 역사의 오솔길이 되기를 기대한다."라고 의미를 부여했다.

양측은 군사분계선까지 비무장지대를 통과하는 오솔길을 내어 군사분계선에서 서로를 맞이하기로 했다. 오전에는 우리 군이 북한 철거 GP를 검증하고, 오후에는 북한 인민군이 우리 측 철거 GP를 검증하는 절차에 합의했고, 실제로 사고 없이 검증 작업을 2018년 12월 12일에 진행할 수 있었다. 특히 양측은 서로의 오솔길이 통과하는 군사분계선 지점 11곳에 노란색 수기를 꽂기로 했다. 서로가 약속한 시간에 길을 내어 만나기로 했고, 실제로 당일에 무사히 진행됐다.

군사적으로 긴장감이 높은 비무장지대에 평화를 상징하는 노란 깃발이 휘날리는 모습은 매우 생소했다. 또한 남북 양측 77명의 검증단이 11개의 오솔길로 오고 가는 모습, 서로를 노려봤던 감시초소를 검증하는 모습, 서로를 안내하기 위해 길을 만드는 모습 등은 모두 우리에게 '생소한' 장면이기도 했다.

문재인 대통령은 우리 군의 오솔길 프로젝트 진행을 청와대 위기관리센터에서 직접 주관하기도 했다.

　검증보다 더 중요한 사안은 양측 인원의 안전이어서, 끝까지 신중하고 꼼꼼하게 준비해 이행했다. 특히 나와 평화군비통제비서관실에서 매일 함께 생활했던 한 과장과 박 과장의 안전이 걱정됐던 나는 검증 전날 잠을 이루지 못했다.

　12월 12일 검증 당일에는 모든 과정을 우리 측 장병들의 몸에 착용했던 '바디 카메라Body Camera'로 촬영해 합참 지휘통제실과 청와대 위기관리센터(벙커)로 실시간 송출했다. 당시 나는 벙커에서 전 과정을 실시간 모니터링하고 있었으며, 특히 우리 측 검증요원들이 6·25 전쟁 당시 치열하게 전투했던 곳을 지나 북측으로 향하는 오솔길을 걸어가는 모습을 보며 '아! 정말 이게 되는구나.'라는 생각이 들기도 했다.

우리 쪽 검증단이 북측에서 철수한 GP를 검증하는 동안에는 남북이 서로 담배를 권하고 환담 시간도 갖는 등 우호적 분위기가 조성됐다. 북측은 우리 측의 검증 활동에 적극적으로 협조했다. 특히 우리 측 검증단이 북측의 철거 GP 지역에 지하갱도가 있는지 등을 확인하기 위해 청진기처럼 생긴 우리 측 장비를 가져가서 검증했는데도, 제지하거나 불편해하지 않고 협조해 줬다는 보고가 있었다. 북측 검증단이 우리 측 지역에 왔을 때도 상호 우호적 분위기에서 철거 지역 검증이 진행됐다.

문재인 대통령도 당일 오후에 청와대 위기관리센터(벙커)에서 우리 군의 검증 작업을 직접 주관했다. 정경두 국방부 장관, 박한기 합참의장, 박종진 육군1야전군사령관, 김운용 육군3야전군사령관 등으로부터 화상회의로 진행 상황을 보고받았다. 사단 단위의 군 작전을 군통수권자인 대통령이 직접 주관한 것이다.

오솔길 프로젝트가 무사히 끝나자 벙커에서 문 대통령은 다소 안도하는 표정으로 "이번 상호 간의 GP 철수, 또 상호 검증은 우리 남북의 65년 분단사에 새로운 획을 긋는 사건"이라며 "남북 모두 군사합의에 대한 철저한 이행 의지를 보여 줬다고 생각하고, 국제적으로도 군사적 신뢰 구축의 모범 사례라고 본다."라고 평가했다. 또한 "오늘처럼 우리 군이 이 한반도 평화 과정을 든든하게 뒷받침해 나간다면 오늘의 오솔길이 또 평화의 길이 되고, DMZ가 평화의 땅으로 바뀌게 되리라고 믿는다."라고 덧붙였다. 그동안 청와대 위기관리센터는 북한의 미사일 발사와 핵실험 등에 대응하는 엄숙하고 긴장되는 장소였지만, 그날만큼은 참석자 모두가 흐뭇한 미소를 짓고 있었다.

화살머리고지의 유해
발굴 작업

비무장지대는 남과 북, 유엔군과 중공군이 약 3년간 고지를 조금이라도 더 탈환하기 위해 치열한 전투를 벌인 곳이다. 수많은 젊은 청춘이 산화한 지역이기도 하다. 그런데 이 지역에서는 1953년 7월 27일 이후 공식적인 유해 발굴 작업을 할 수 없었다.

남북군사합의를 통해 양측은 "비무장지대에서 시범적인 남북 공동 유해 발굴"을 진행하기로 합의했다(제2조 3항). 이는 상호 신뢰를 강화하자는 측면에서 기획했다. 이와 동시에 비무장지대에 아직도 남아 있을 우리 국군의 유해를 수습해야 할 책임을 져버릴 수 없다는 의지를 담았다.

남북은 강원도 철원군에 있는 화살머리고지를 유해 발굴 시범 구역으로 설정했다. 화살머리고지는 6·25 전쟁 당시인 1952년부터 53년까지 우리 국군과 미군, 프랑스군, 북한군, 중공군 등이 서로 차지하기 위해 치열한 전투가 벌어졌던 곳이다. 유해 발

강원도 지역 전투 중 가장 치열한 전투의 하나였던 화살머리고지 전투에서 전사한 것으로 추정되는 박재권 이등중사. 유해 발굴 현장에서는 수습된 유해를 관에 모시고 태극기로 감싸 운구하는 약식제례도 거행됐다.

굴을 위해 양측은 진입도로를 만들었고, 이때 제거한 폭발물만 1,800발이 넘었다. 본격적인 유해 발굴을 시작하기 전에도 남측에서만 13구의 유해가 발견됐으며, 총탄 자국이 선명한 철모, 수통 등이 쏟아졌다.

특히 인식표가 있는 유해가 10월 23일에 발굴되어 신원을 확인할 수 있었는데, 당시 육군 제2사단 소속 박재권 이등중사였다. 즉시 나는 문 대통령에게 보고했다. 청와대는 '65년 만의 귀환'이라는 메시지를 냈다. 65년 만에 가족의 품으로 돌려보낼 수 있게 됐기 때문이다. 2019년 3월 26일 박재권 이등중사는 대전

화살머리고지에 도로를 내는 과정에서 전유광 5사단장이 북한 장교와 조우하는 장면.

현충원에 안장됐다.

남북 양측은 화살머리고지에 유해 발굴 작업에 필요한 폭 12m 짜리 도로를 내어 2018년 11월 22일에 연결했다. 남북을 잇는 도로가 생긴 것은 2003년 10월 개성공단으로 향하는 경의선 도로, 2004년 12월 금강산 동해선 도로 개설 이후 14년 만이었다. 특히 한반도 중앙을 관통하는 도로가 생긴 것이다. 당시 전유광 5사단 사단장은 공사 현장을 진두지휘했고, 남북의 도로가 연결되는 지점에서 북측 지휘관과 조우했다. 그는 북한군 지휘관을 불러내 북측 작업 상황을 묻기도 했다. 비무장지대 내의 군사분계선상에서 남북의 지휘관이 만난 것은 사상 최초의 일이었다.

2018년 11월 22일 화살머리고지 남북 전술도로 연결. 좌측에서부터 서주석 국방부 차관, 필자, 전유광 5사단장.

    화살머리고지의 유해 발굴에는 5사단 장병들의 노고가 매우 컸다. 70년이 다 되도록 사람의 발길이 닿지 않았던 비무장지대 내에서 지뢰들을 걷어내고 길을 내는 일은 쉽지 않았다. 작업 중에 땅속에 묻혀 있을 유해가 손상되지 않도록 해야 했기에 매우 정성이 필요한 작업이었다. 화살머리고지에 길을 낸 22사단 장병들은 남북의 길을 만들었다는 자부심이 높았다. 유해발굴단역시 휴전 후 최초로 비무장지대에서 유해 발굴을 한다는 사명감으로 정성을 다해 작업에 임했다.

    2019년 2월 하노이 북미정상회담이 성과를 내지 못한 탓에 남북 공동 유해 발굴은 결국 실현되지 못했다. 우리 측은 단독 유해 발굴을 진행했고, 그곳에서만 420여 구의 유해와 유품 10만 점을 발굴했다. 남과 북이 결심만 한다면, 비무장지대의 유해 발굴을 통해 전쟁의 상처와 원한을 풀 수 있음을 명심할 필요가 있다.

05

한반도 평화 프로세스와 군사합의

평화 구축의 플랫폼

한반도 평화 프로세스는 남북군사합의의 진전과 매우 밀접한 관계가 있다. 이 합의를 얼마나 잘 준수하는가에 따라 향후 한반도의 평화에 많은 영향이 있을 것이다. 한반도 평화 프로세스의 관점에서 9·19 군사합의가 갖는 의미는 크게 세 가지 측면이 있다

첫째, 남북군사합의는 '비핵화를 위한 필수 환경'을 제공한다. 비핵화 협상은 극도로 예민한 과정이다. 작은 불씨도 협상에 영향을 미칠 수 있다. 남북 간 우발적 충돌이 걷잡을 수 없는 상황으로 번져 비핵화 협상을 좌초시킬 가능성을 확실하게 차단해 둬야 한다.

더욱이 비핵화는 협상만으로 끝나지 않는다. 어려운 협상 끝에 합의가 도출되면, 그 합의를 이행해 나가는 실제 비핵화 과정을 시작해야 한다. 북한 지역에서 핵시설 해체와 검증이 진행된

평화의 힘

다고 상상해 보자. 북한의 최고 비밀시설인 핵시설과 핵무기 등이 외부에 노출되는 상황이 된다. 이때는 아무리 작은 우발적 군사 충돌도 발생해서는 안 된다. 남북 간 군사적 안정을 유지하는 체제가 얼마나 절실한지 실감할 수 있을 것이다.

지금까지 남북의 군사적 긴장은 비핵화 과정을 매우 어렵게 하곤 했다. 제네바 합의 과정이나 6자회담과 같은 과거 실무협상들도 한반도의 군사적 긴장으로 속도가 더뎌지거나 협상 자체가 좌초될 뻔한 적이 많았다. 2018년 한반도 비핵화 협의는 우리와 미국, 북한의 정상 차원에서 이루어졌다. 이 과정에서 어떤식으로든 남북 간 군사적 충돌이 있었다면 그 파장을 감당하기 어려웠을 것이다.

비핵화와 평화체제는 정상 차원의 대화와 결단이 필요하다. 북한에서 핵에 관한 결정을 내릴 수 있는 사람은 오직 김정은 위원장뿐이다. 그리고 실질적으로 김 위원장의 결정을 이끌어 낼 수 있는 상대는 대한민국과 미국의 대통령뿐이다. 정상 차원의 대화를 만들고 유지하려면 반드시 한반도의 군사적 안정을 유지해야 한다. 우리의 방위 태세가 아무리 완벽하다 해도, 그것만으로 우발적 군사 충돌 상황을 방지할 수 없다.

9·19 군사합의는 남북 간 우발적 충돌의 위험을 낮출 수 있는 구조를 제공했다. 물론 초보적인 신뢰 구축 조치로 구성되어 있고 앞으로 더 담아야 할 것이 많은 구조이긴 하다. 그래도 군사

합의는 비핵화를 위해 반드시 필요한 환경으로서 이미 그 역할을 하고 있다. 아무리 한반도 평화 프로세스가 어려운 국면에 봉착한다고 해도, 9·19 군사합의가 안정적으로 운용되는 한, 북미 대화를 진전시킬 외교적 노력에 집중할 수 있을 것이다. 이와 반대로, 이 합의가 어느 일방에 의해 파기된다면, 한반도의 비핵화 협상 구도의 복원은 사실상 불가능해질 것이다.

둘째, 이 합의는 '한반도 평화체제의 핵심 요소'를 만들어 가는 출발점이다. 평화체제가 추상적 개념이어서 무엇이 핵심 요소가 되는지 떠올리기가 쉽지 않을 것이다. 평화협정문을 실제로 작성해 보면 남북군사합의의 중요성은 더욱 명확해진다. 평화협정에는 한반도의 미래 질서를 규정하는 조항이 들어가야 한다. 앞으로 쌍방 간 정치적 관계를 어떻게 규정할지, 경제·사회 교류는 어떤 질서와 규범 아래서 진행할지를 정해서 담아야 한다. 완전한 비핵화를 이룬다는 한반도의 비전도 평화협정에 담을 수 있을 것이다.

그리고 무엇보다도 군사 질서에 합의해야 한다. 다시는 한반도에서 전쟁이 발생하지 않도록 하는 것이 평화협정의 기본 목표라면 한반도 군사 질서에 관한 사항은 평화체제의 핵심이라고 할 수 있다. 그런데 이런 조항들을 쭉 떠올려 보면 비핵화 협상 과정 이전에 많은 것을 이미 남북 간에 합의했거나 만들어 둬야 한다.

평화의 힘

따지고 보면 남북은 평화협정에 들어갈 여러 요소를 이미 만들어 놓았다. 우선 1991년 남북기본합의서가 있다. 여기에는 정치·경제를 망라한 전반적인 규범들과 요소들이 담겨 있다. 이에 더해 경제사회 교류 분야에는 그간 남북이 함께 축적해 온 세부 규범과 현장의 관행도 있다. 비핵화 비전은 1994년 한반도 비핵화 공동선언에 명확히 정리되어 있다. 91년 남북기본합의서와 94년 한반도 비핵화 공동선언은 노태우 정부가 북한과 합의한 주요 성과이기도 하다.

그러나 남북한 군사 질서에 관한 사항은 충분히 구체화되어 있지 않다. 남북기본합의서와 그 이후 여러 선언들과 합의들이 중요한 원칙들을 규정하고 있지만, 워낙 보편적인 내용이어서 그것들만으로는 군사 사항을 규율하기에 어렵다. 그래서 남북기본합의서는 군사공동위원회를 만들어 구체적인 사항을 논의하도록 규정했는데, 실천에 이르지 못했다. 이후 10·4 선언에서 더 구체화하려고 시도했지만, 이 또한 실질적 결과를 낳지 못했다

9·19 군사합의는 남북 공동 유해 발굴, 남북 간 구체적인 신뢰구축 조치, GP 철수, 판문점 비무장화 등 일부 운용적 군비통제 조항을 마련했고, 실제로 이행됐다. 이 조항들은 기본적으로 정전협정과 남북기본합의서의 연장선상에 있다. 따라서 향후 평양공동선언과 군사합의가 규정해 놓은 로드맵을 잘 따라 간다면 한반도 평화체제를 지탱할 미래 질서를 잘 만들 수 있을 것이다.

이런 의미에서 9·19 군사합의는 평화체제 구축을 위한 핵심 기재를 포함하고 있다. 그것은 바로 군사공동위원회다. 이는 쉽게 말해 남북이 상호 간의 군사적 사안들을 직접 협의할 수 있는 제도적 장치다.

앞에서 평화협정에는 완전한 비핵화를 이룬다는 한반도의 미래 비전과 평화체제 구성, 군사적 신뢰 구축 등이 들어간다고 설명한 바 있다. 문재인 정부의 한반도 평화 프로세스는 종전선언을 따로 떼어서 정치적 선언의 형태를 갖춰 한반도 비핵화와 평화 과정의 입구에 놓는 전략을 구사했다. 남북 양측이 남북군사합의를 준수할 때, 비록 종전선언이 정치적 선언이라 할지라도, 종전선언을 할 수만 있다면 한반도의 완전한 비핵화와 항구적 평화 구축을 위한 기나긴 협상 과정을 안정적으로 유지할 수 있을 것이다. 종전선언을 시작으로 한반도 평화의 미래 질서를 차곡차곡 구축해야 할 몫은 남북 양측에 공히 있다. 즉, 종전선언이 정치적 선언이라 할지라도 남북군사합의가 이행될 때 실질적 종전 효과를 보장할 수 있다는 뜻이다.

마지막으로 9·19 군사합의는 '대북협상의 의미 있는 선례'다. 군사 분야의 협상은 매우 어렵다. 평양에서 남북 정상이 임석한 가운데 서명이 이루어지는 그 순간에도 마음을 졸여야 했다. 이 합의가 실제로 도출될 수 있었던 이유는 탑다운Top-Down과 바텀업Bottom-Up의 절묘한 조합이 작동했기 때문이다. 남북의 군 당

평화의 힘

국이 군사합의 협상을 시작했을 때 이미 남북은 평양정상회담 날짜에 합의한 상황이었다. 양측 협상단은 정상회담 전에 반드시 성과를 내야 하는 입장이었다. 이런 제약은 협상 과정에서 소위 건설적 압박으로 작용했다.

군사 문제에 관한 협상은 디테일이 중요하다. 최고위급의 정치적 의지만으로는 합의문이 나오지 않는다. 하나하나 따져보고 첨예하게 협상해서 합의점을 찾는 실무협상 없이는 초안 구성조차 불가능하다. 정상 차원의 정치적 화해와 협력 의지가 협상 시기와 공간을 정하면, 실무진은 그 시공간 속에서 디테일을 채워 넣는 협상을 진행한다. 9·19 군사합의는 이런 조합이 실제로 작동할 수 있으며, 단기간에 어렵고 복잡한 합의를 충분히 성사시킬 수 있음을 보여 준 첫 사례일 것이다.

9·19 군사합의는 남북 간 군비통제 노력이 사상 최초로 결실을 맺은 매우 드문 사례다. 양측이 합의를 이행했고, 합의한 조항들은 작동하고 있는 체계이며, 앞으로 계속 진화할 플랫폼을 제공한다. 이 합의는 남북 간 군비통제 노력의 끝이 아니라 시작이다. 이 합의의 운명이 우리의 안보, 한반도의 평화와 직결되어 있다고 해도 과언이 아니다. 남과 북이 손쉽게 폐기를 선언하기에는 매우 중요한 합의다.

접경지역의 긴장도를
낮추다

현 시점에서 이 합의에 대한 평가는 두 가지로 갈리는 듯하다. 한편에서는 이 합의 이후 남북 간 군사적 충돌이 사실상 멈췄다는 데 주목한다. 매우 단순한 숫자로 나타나는 의미라서 가볍게 생각하기 쉬운데, 사실은 가장 중요한 성과다. 우리 장병들, 그러니까 우리 청년들의 생명과 안전이 달린 문제다. 지난 5년이 넘는 기간 동안 남북한 장병들의 인명 피해가 없었다는 점은 매우 중요한 사실을 암시한다. 군사적 충돌의 감소는 북한 입장에서도 바람직하니 일종의 윈윈win-win이라고 할 수 있다

다른 한편에서는 이런 전체적 이익보다 상대적 이익 배분 문제를 더 부각한다. 군사합의로 남북이 다 이득을 봤더라도 우리의 이득이 북한보다 덜하다면 큰 문제가 아니냐는 것이다. 극단적으로 우리의 안보체계가 흔들렸고, 북은 이익을 보고 우리는 손해를 봤다는 시각이다. 하지만 이는 단순히 9·19 군사합의뿐만 아니라 어느 군비통제 협상 결과를 두고도 빈번히 제기되는 문제라고 생각한다.

"우리가 상대적으로 손해 본 게 아니냐?"라는 주장은 결국 북한과 협상을 통해 한반도의 문제를 해결하는 데 있어 엄청난 장애물로 작용한다. 실제로 우리가 손해 본 것도 없지만, 간과해서

는 안 될 사실은 군사합의로 문재인 정부 기간 접경지역의 군사적 긴장도는 낮아졌으며, 남북미 모두 한반도의 완전한 비핵화 협상에 집중할 수 있는 공간을 확보할 수 있었다는 점이다. 비록 지금 북미 간의 협상이 멈췄고, 한반도의 정세가 불안하다 해도, 남과 북이 남북군사합의를 유지하는 한 그 공간은 여전히 존재한다.

9·19 군사합의는 남북 군비통제의 최종 결론이 아니다. 첫걸음이다. 그런데 이 첫걸음을 사실과 달리 우리의 손해라고 평가한다면, 향후 북한과의 어떤 협상도 북한보다 더 많은 이득을 얻어내야 한다는 강박 때문에 진전이 안 될 것이다. 중요한 점은 이 합의로 만들어 낸 구조 속에서 앞으로 더 먼, 어쩌면 더 어려운 길을 가야 한다는 현실이다.

이런 맥락에서 보면 남북군사합의는 한반도형 군비통제의 새로운 장을 열었으며, 비핵화를 위한 필수 환경이자 한반도 평화 체제 핵심 요소의 일부로서 제대로 기능해야 하고, 유지되어야 한다. 앞으로 벌어질 북한과의 협상에 던져 주는 시사점도 있다. 최고지도자의 결정, 외교 당국의 협상뿐만 아니라 남북 군부의 역할이 더더욱 중요하다. 국내적으로도 우리 군이 이 합의를 유지하고 진화시켜 나갈 수 있도록 법률적으로 제도화할 필요가 있다고 생각한다.

보수적 시각을 가진 전문가들과 당시 야당은 '군사합의=일방적 무장해제'라는 주장을 펴기도 했다. 이들은 군사합의서가 우리 군의 안보 역량을 뿌리부터 흔들었다면서, 서울을 북한의 기습공격에 노출하는 등 군사적 재앙을 초래했다고 맹비난한다. 한강(임진강) 하구가 공동이용수역이 되면 북한군 특수부대가 언제든 한강을 건너 서울을 침공할 수 있다고 주장하는가 하면, 감시초소GP가 사라지면 북한군이 비무장지대까지 몰래 군사력을 접근시켰다가 기습공격을 할 수 있다고 주장한다. 또한 지상과 해상, 공중을 비롯한 모든 공간에서 대규모 군사훈련을 중단하면서 우리 군이 사실상 무장해제 당했다고도 한다.

이런 주장은 전부 억지다. 북한군 특수부대가 한강 하구를 넘어 우리 쪽으로 기습공격을 하기는 불가능하다. 초속 1.0~1.5m의 빠른 유속과 간조 때 드러나는 넓은 갯벌 때문에 신속하게 도하할 수 없다. 게다가 김포반도에는 해병대가 주둔해 저지선을 구축하고 있다. 6·25 전쟁 중에도 북한군 6사단은 이 지역을 건너는 데 3일 이상을 지체했다. 그리고 비무장지대 내 감시초소GP는 북한군의 기습공격을 막는 보루가 아니다. 감시초소에서 감시하지 못하는 비무장지대가 훨씬 넓기 때문에 후방전초기지GOP에서 과학화 경계체계 전자장비로 비무장지대를 관측하고 있다.

또한 포병 사격 훈련 및 연대급 이상 야외기동훈련을 중지한 지역은 이미 연대급 기동훈련을 거의 하지 않고 있는 지역이며,

이는 주로 남쪽에서 실시한다. 북한도 마찬가지다. 서해의 연평도와 백령도 부근 북쪽 지역에 배치한 북한군의 전력 규모가 우리의 3~5배라는 점을 고려하면 해상 포 사격과 기동훈련 중지는 우리에게 위협 감소 효과가 더 크다. 더욱이 유사시에는 자동 함포체계를 탑재한 우리 함정의 대응 능력이 더 우수하다.

남북군사합의에 대한 공격은 우리 군의 전투 및 정보 역량을 폄하하는 것에 불과하다. 그리고 북측이 우리와 똑같이 취한 조치들에 관해서는 언급하지도 않는다. 기본적으로 군비통제의 개념을 모르고 하는 정략적이고 과도한 비난이다. 그렇다고 한반도 군사적 긴장 완화를 위한 대안을 제시하는 것도 아니다. 21세기 대한민국 군의 역량을 제대로 보기를 바란다. 특히 2019년 2월 스티븐 비건 당시 국무부 대북특별대표가 스탠포드대학교 연설에서 판문점의 비무장화를 다음과 같이 평가했던 것에 주목하길 바란다.

"작년 크리스마스 직전에 판문점을 방문한 적이 있었습니다. 그곳은 고요했고 평화로웠습니다. 양측의 정례적 소통라인도 복원된 상태였습니다. 단 하나의 무기도 보이지 않았습니다. 개인화기조차도… 전방 병력들이 임박한 군사적 분쟁에 대비하고 있었던 1년 전과는 아주 놀라운 변화입니다. 남북의 군은 유엔사와 주한미군과 함께 비무장지대에서 위협 수위와 긴장을 완화한 몇 가지 신뢰 및 안보 구축 조치를 시행했습니다. 아직 해야 할 일들이 남아 있지만, 제 생애 처음으로 비무장지대가 비무장화되고 있습니다."

한반도 비핵화를 위해 북한과 협상해야 하는 미국 대북특별대표의 입장에서 위의 연설은 한반도의 군사적 긴장 완화가 매우 중요하고 도움이 된다는 사실을 의미한다. 대략 2년 후인 2020년 8월 나는 외교부 1차관으로 임명받았고, 그는 미 국무부 부장관이 되어 나와 심도 있게 한반도의 비핵화를 논의하게 됐다. 그는 우리 협상팀이 북한의 핵을 관리하는 군부와 군사합의를 만들어 낸 것을 매우 높이 평가하면서 대북협상 전략에 관해 내게 많은 질문을 하기도 했다.

한반도 평화는 선택의 문제가 아니라
어떤 어려움도 이겨 내고
반드시 가야 하는 길입니다.
북미대화가 교착상태에 놓여 있는 만큼,
북미대화만 바라보고 있을 것이 아니라,
우리가 할 수 있는 여러 가지 현실적인 방안을 찾아
남북관계를 발전시켜 나가야 합니다.
남북관계는 우리의 문제이기 때문에
우리가 주체적으로 발전시켜 나가야 한다는
의지를 가져야 합니다.

—2020년 1월 17일, 문재인 대통령 신년기자회견 중에서

Chapter 3

한반도 비핵화

01

한반도 비핵화의
정의

비핵화의
과정과 정의

비핵화는 특정 국가나 지역에서 핵무기와 핵무기 생산용 시설, 그리고 무기급 핵물질을 제거하는 과정이다. 협상을 통해 비핵화에 합의하면, 핵을 보유한 국가는 추가적인 핵물질 생산을 중단한다. 이를 동결이라고 한다. 동결 후, 자신들이 얼마나 핵무기와 핵물질, 시설을 보유하고 있는지 공개혹은 신고한다. 또한 핵시설을 사용할 수 없도록 인위적으로 파괴하기도 하는데, 이를 불능화라고 한다. 그러면 국제사회나 검증국가가 전문가를 보내서 비핵화 국가의 핵시설, 물질, 무기를 검증하는 단계에 들어간다. 그러고 나서 핵무기와 핵물질을 외부로 반출하고, 핵시설을 폐기하는 작업에 들어간다.

여기서 끝이 아니다. 핵무기와 물질을 숨겨 놓지는 않았는지, 시설을 재가동하지 않는지, 핵전문가들이 다시 핵개발을 모의하고 있지는 않는지 등이 핵폐기 이후에도 지속해서 검증의 대상

평화의 힘

이 된다. 이런 비핵화 과정(합의→동결→신고→불능화→검증→폐기
→검증)은 어디까지나 교과서적 순서일 뿐이다. 현실에서는 비핵
화 과정이 동시에 발생할 수도 있고, 순서가 바뀔 수도 있다. 신
고보다 검증, 검증보다 폐기가 더 중요하다고 판단할 수 있기 때
문이다.

　비핵화 과정에 정답은 없다. 중요한 점은 비핵화 과정에서 모
든 당사자의 협력이 기본이 되어야 한다는 것이다. 당사자 간 협
력에서는 비핵화 과정에서 비핵화 국가에 어떤 상응조치를 제공
할 수 있는가도 중요하다. 일방적 무장해제가 아니라 국제사회
가 비핵화 국가에 그에 상응하는 대가를 제공해야만 비핵화 과
정이 순탄하게 진행된다.

　한반도의 비핵화란 무엇을 의미할까? 비핵화는 모든 핵무기
와 기존 핵무기 프로그램의 완전한 제거를 의미한다. 한반도 비
핵화의 개념적·조작적 정의는 남북이 지금으로부터 31년 전인
1992년 2월 19일에 합의했다. 이를 '한반도의 비핵화에 관한 공
동선언'이라고 한다. 노태우 정부 시절에 북한과 협상을 통해 합
의한 선언문이다. 이 합의문에서 남과 북은 "핵무기의 시험, 제
조, 생산, 접수, 보유, 저장, 배비, 사용을 하지 아니한다."라고 선
언했으며, "핵에너지를 오직 평화적 목적에만 사용한다."라고 규
정했다. 또한 남과 북은 "핵 재처리 시설과 우라늄 농축 시설을
보유하지 아니한다."라고 명시했다.

대한민국은 핵을 평화적 목적인 전력 발전용으로 활용하고 있으므로 비핵화에 성공했다. 문제는 북한이다. 북한은 군사적으로 활용할 수 있는 핵시설을 보유했을 뿐만 아니라, 핵탄두와 발사체 그리고 관련 장비 등도 보유했다. 따라서 북한의 완전한 비핵화가 이루어졌을 때, 한반도의 완전한 비핵화가 이루어졌다고 할 수 있다.

우리가 '북한의 비핵화'보다 '한반도의 비핵화'라는 용어를 사용하는 이유는 간단하다. 대한민국은 이미 비핵화에 성공했으니, 북한이 비핵화를 해야만 한반도의 비핵화가 완벽하게 이루어진다는 뜻이다. 그 이면에는 노태우 대통령이 선언했던 한반도 비핵화선언의 취지에 맞게 대한민국은 북한처럼 군사적 용도의 핵능력을 갖지 않겠다고 북한과 국제사회에 천명하려는 의도가 담겨 있다. 그러므로 북한도 군사용 핵능력을 포기하고 폐기하라는 뜻이다. 미국을 포함한 국제사회 역시 북한의 비핵화라는 용어를 사용하지 않고 한반도의 비핵화를 사용한다.

개념적으로 비핵화는 군사적 목적의 핵물질과 핵무기를 생산하거나 보유하지 않고 있으며, 관련 핵시설 또한 존재하지 않는다는 뜻이다. 간단한 문제처럼 보이지만, 실제로 협상 국면에서 비핵화의 최종 상태를 어떻게 정의할지에 대해서는 많은 검토가 필요하다. 북한의 핵능력이 어떤 상태가 되어야만 우리와 같은 비핵화 국가가 되는가에 관한 문제이기 때문이다.

결국 북한이 보유한 모든 핵시설의 활동을 중단하고, 그 중단한 시설들을 폐기했을 때, 그리고 핵탄두와 무기급 핵물질 및 관련 지식을 완전히 제거했을 때 북한이 비핵화됐다고 볼 수 있을 것이다. 그러나 이를 달성하려면 북한이 동의해야 한다. 북한이 보유한 핵시설과 물질, 무기들을 폐기하는 절차이자 이행 계획인 로드맵을 북한이 수용해야 한다.

사실 이는 쉬운 문제가 아니다. 핵물리학과 핵공학의 관점에서 북한의 핵능력을 제거하는 작업이기도 하지만, 정치적으로 북한에서 비핵화를 결정할 수 있는 유일한 행위자인 최고지도자 김정은 위원장과 한국과 미국의 대통령이 합의하고 결정해야 할 사항이기 때문이다. 결국 이 문제는 협상을 통해 합의해야 해결된다. 비핵화가 핵물리학이나 핵공학의 문제가 아닌 정치적 사안이라는 뜻이다. 남북미가 어느 선에서 북한이 핵능력을 상실했고 한반도가 비핵화됐다고 선언할 수 있을지는 기나긴 정치적 협상으로 도출할 수밖에 없다.

따라서 남북미의 신뢰 구축이 중요하다. 남북미 3국 정상은 비핵화와 평화 구축의 과정을 진행하는 동안 상호 신뢰를 축적해가면서 서로의 결단이 옳다는 확신을 줘야 한다. 어느 한 정상도 그 과정에서 이탈한다면 비핵화 과정은 탈선할 수밖에 없다. 고도의 정치적 결단이 필요하며, 각국의 여론에도 크게 영향을 받는 사안이다. 매우 힘든 문제다.

결국 북한이 평화적 비핵화의 길을 선택하도록 유도하는 방안, 즉 어떤 상응조치를 제공할 수 있는지에 관한 고려가 필요하다. 한반도의 비핵화는 북한이 우리의 패키지를 수용하고 선택할 때 온전하고 지속 가능해진다. 더욱이 그 유도 방안을 북한이 수용하기 위해서는 북한이 지금의 길을 유지할 때 더 큰 비용과 고통이 따를 뿐만 아니라 우리 또한 어려움을 겪게 된다는 이성적 판단이 필요하다. 한반도 비핵화는 우리에게 한반도의 항구적 평화체제 구축과 같은 중요한 문제다.

평화의 힘

02

북한의 핵, 얼마면
비핵화할 수 있을까?

힘으로는
뺏을 수 없다

북한의 핵능력을 어떻게 정의할 수 있을까? 북한의 핵능력은 핵탄두, 핵물질(고농축우라늄, 플루토늄, 사용후핵연료, 트리티움 등), 핵시설(영변 핵단지 및 그 이외의 시설), 우라늄 광산, 핵실험장, 핵개발 지식(관련 과학자, 엔지니어 등), 핵투발 수단(탄두미사일, 트레일러) 등과 같은 유·무형의 자산을 포함한다. 북한은 자신들의 핵능력을 보유하고 확장하는 데 많은 정치·경제적 비용을 지불했다. 국제적 고립과 미국과의 적대적 정책, 경제적 비용을 감수했다. 물론 국제사회로부터 수많은 경제적 제재도 받아 왔다.

대한민국과 미국, 국제사회는 북한의 비핵화를 위해 협상해 보기도 했으며, 여러 압박 수단을 활용해 보기도 했다. 하지만 여전히 북한의 비핵화는 미궁의 과제로 남아 있고, 한반도의 외교안보 지형을 불안정하게 하는 최대 원인이기도 하다.

북한은 나름대로 자신들의 핵능력에 여러 의미를 부여한다. 북한은 핵과 미사일 능력의 고도화를 "조선 인민이 쟁취한 값비싼 승리"(〈로동신문〉, 2017년 12월 13일 자), "국방과학자들과 전체 조선 인민의 위대한 승리"(〈로동신문〉, 2021년 1월 9일 자), "가장 위대하고 중대한 혁명위업"(〈로동신문〉, 2022년 11월 27일 자) 등과 같이 국가적 업적으로 인식하며, 이 성취에 '승리'나 '혁명위업'이라는 단어를 갖다 붙인다. 북한 주민들 역시 이에 대한 자부심이 높을 것이다.

이와 동시에 "자주적인 행복한 삶을 누려 갈 수 있게 하는 정의의 보검"(〈로동신문〉, 2017년 10월 8일 자), "미국이 모험적인 불장난을 할 수 없게 제압하는 강력한 억제력"(〈로동신문〉, 2018년 1월 11일 자), "자위의 무진막한 억제력"(〈로동신문〉, 2022년 4월 26일 자), "만년대계의 안전담보"(〈로동신문〉, 2023년 1월 1일 자) 등과 같이 자신들의 안보를 지켜 줄 억제력으로 인식한다.

북한의 핵능력은 현대 북한의 국가 정체성을 상징한다. 핵능력이 미국을 포함한 외세의 공격을 억지할 수 있는 보검과도 같은 최후의 군사적 수단이라고 믿는다. 북한은 핵이 국가적 자산을 총집합한 최후의 보루라고 대내외적으로 규정하며, 핵국가를 법제화하는 데까지 이르렀다. 이처럼 북한에게 핵의 가치는 매우 높다. 핵능력을 자신들의 국가적 정체성을 상징하고, 실질적으로 자국의 안보를 지키는 최후의 보루라고 믿는 상대방에게 어떻게 그 능력을 포기하게 할 수 있을까?

일단 물리력을 사용해 강제로 빼앗아 오는 방법이 있다. 현실 세계에서는 군사력을 동원해 북한을 침공하는 방법을 고려할 수 있다. 미국이 이라크의 대량 학살용 무기를 찾겠다고 전격 시행했던 이라크 전쟁과 같은 사례를 들 수 있다. 한미 연합군이 한반도의 비핵화를 위해 북한을 선제공격하는 것이다. 전쟁이다. 북한과 6·25 전쟁보다 더 참혹하고 파괴적인 전면전을 각오하고 무력 사용을 결정한다는 의미다.

이를 위해서는 미국의 전폭적 지원과 참전이 있어야 한다. 미국민과 의회가 한미동맹의 일원으로서 북한에 대한 선제공격을 지지하고 군사적 지원을 공약해야 한다는 의미이기도 하다. 이와 동시에 중국과 러시아는 북한을 지원하지 않아야 한다. 유럽연합EU, 아프리카 연합AU, 아세안ASEAN, 중미통합체제SICA 등과 같은 지역협력체들은 우리의 무력 사용을 지지해야 할 것이다. 유엔의 지지도 확보해야 한다.

또한 전쟁 발발은 그것이 동반하는 인명 피해는 물론 경제적 공황까지도 대한민국 국민이 감수해야 한다는 의미다. 전쟁이 끝나고 나면, 우리의 선대들이 6·25 전쟁 이후 대한민국을 전화戰禍로부터 복구했듯, 21세기 현재를 살아가고 있는 우리도 다시 전쟁의 참상을 복구해야 하는 시대를 살아야 한다. 해방 직후 가난한 나라의 전쟁 후 모습과 세계 10대 경제대국의 전쟁 후 참상의 모습을 비교하면 아마도 후자가 더 비참할 것이다. 전쟁의 참화를 논의하기에 앞서 생각해 보자. 우리가 또 다시 전쟁을 할 수 있을까? 힘으로는 비핵화를 달성할 수 없다.

부동산 vs. 약속어음

다른 한편으로는 북한과 협상하는 방법이 있다. 물론 북한이 협상에 나와야 하며, 이와 동시에 우리에게도 북한에 제안할 비핵화 방안이 있어야 한다는 전제가 필요하다. 상당히 어려운 과정이지만, 불가능하지는 않다. 핵에 대한 값을 잘 쳐 줄 수만 있다면, 그러니까 핵을 포기하는 데 상응하는 대가를 충분히 제공할 수 있다면 북한도 이를 고려해 볼 여지가 있기 때문이다. 우리로서도 한반도의 비핵화를 평화적 방법으로 실현할 수 있다면 군사적 압박과 제재를 통한 방법보다 더 많은 이익을 얻을 수 있다.

물론 북한과 여러 수준에서 소통해야 하며, 한국과 미국은 정치적 리스크를 감수하면서 북한에 외교적으로 접근해야 하므로 난제이기는 하다. 그러나 2017년부터 2019년까지의 경험을 반추해 보면, 북한을 외교 무대로 나오게 하는 것이 불가능하지는 않아 보인다.

중요한 점은 북한이 핵을 포기하게 하기 위해서 한국과 미국이 어떤 상응조치를 해줄 수 있는가다. 무엇보다도 북한이 생각하는 핵능력의 가치에 맞는 값을 잘 쳐 줄 수 있어야 한다. 북한이 생각하는 가치value에 맞게 값어치pricing가 책정되어야 북한의 핵능력을 제거하고 한반도의 비핵화를 이룩할 수 있다.

그런데 이 협상은 근본적으로 쉽지 않다. 이론적으로 비핵화가 북한의 핵능력을 완전히 제거한다는 의미라면, 앞서 열거했던 북한의 핵 관련 유·무형 자산의 폐기는 물론 핵개발 관련 인사들의 사후 처리(예컨대 이직과 같은)까지 포함한 작업이 이루어져야 한다. 이는 여태까지 한 번도 해 보지 못한 과정이다.

북한으로서는 자신들이 보유하고 사용하고 있는 실질적 자산Physical Assets을 앞으로 사용할 수 없게 비가역적으로 제거하는 셈이니, 가격 산정을 매우 높게 할 것이다.

한편, 한국이나 미국이 북측에 제공할 수 있는 상응조치들은 매우 제한적이거나 추상적이다. 예를 들어 우리가 북에 해 줄 수 있는 한미연합훈련 중단, 대북제재 해제, 미북 수교 및 상호 외교공관 설치, 평화협정 체결 등은 가역적인 무형의 조치들이다. 즉, 언제든지 뒤집을 수 있으며, 경제적 비용도 거의 들지 않는다. 따라서 북한의 비핵화 과정에서 서울과 워싱턴의 정권 교체가 이루어지고 그간의 합의를 뒤집거나 상응조치를 철회한다고 해도 한국과 미국은 별로 큰 손실을 입지 않는다. 반면, 북한의 입장에서는 이미 파괴한 핵시설을 복구하는 데 많은 비용이 들거나 사실상 불가능하다.

한반도 비핵화의 함수는 북한의 유·무형적 실체인 핵능력과 무형의 정치적 조치들과의 교환을 의미한다. 쉽게 말하면, 북한은 부동산과 동산을 모두 내놓아야 하고, 우리는 북한에 약속어음을 준다는 뜻이다. 물론 북한이 비핵화 조치를 하면 경제적 지원을 받을 수 있고, 북한의 낙후된 인프라를 재건하는 데도 도움을 받을 수 있을 것이다.

그러나 북한의 입장에서 경제적 지원은 부수적 이득에 불과하다. 북한이 경제가 어려운데도 핵을 지속해서 개발한 이유는 경제적 이유가 아닌 정치적 이유, 즉 자신들의 안보 문제 때문이다.

2022년 9월 8일 김정은 위원장은 국가 핵무력 정책법령의 채택을 선포했다. 그는 '핵은 우리의 국위이자 국체'며 '공화국의 절대적 힘'이고 '조선 인민의 크나큰 자랑'이라며 여러 의미를 부여했다. 그야말로 북한의 정체성을 규정하는 아이콘으로 핵을 상징화했다. 실제로 북한 스스로 핵보유국임을 인정하며 핵보유국의 지위가 불가역적이라고 규정한 것이다. 또한 미국에 대한 반격 위주의 핵억지 전략에서 벗어나 공세적 핵 선제 사용 의지를 밝혔으며, 전술핵 배치 또한 공식화했다. 하노이회담 결렬 이후 북한의 핵문제는 더욱 악화됐다. 그만큼 북의 비핵화는 그 어느 때보다 어려운 과제가 됐다.

신고보다는 이행이
중요하다

지난 5년 동안 남북미 간에 많은 일이 있었다. 세 차례의 남북정상회담과 북미정상회담(판문점 회동 포함), 한 차례의 판문점 남북미 정상 회동, 정상들 간의 서신들, 그리고 이를 뒷받침했던 수많은 고위실무협상, 한미 간의 비공개 회동들, 북미 간 여러 회동들, 이메일들, 전통문들, 늦은 밤과 새벽의 통화들은 한반도 평화 프로세스를 진전하려 했던 노력의 증표다. 2023년 현재 악화된 한반도 안보 상황을 보고 있자면 허망하게 느껴질 정도다. 그러나 한반도 평화 프로세스는 앞으로 한반도의 완전한 비핵화와 평화체제를 구축하기 위한 노력을 재가동할 때 반드시 거쳐야 할 과정이다.

한반도 평화 프로세스의 성공에는 남북과 북미, 한미로 이어지는 필연의 삼각관계가 필수다. 단순히 남북관계, 북미관계만 좋다고 해결되지 않는다. 먼저 한미 간 밀접한 조율이 있어야 한다. 한미가 서로 북한에게 다른 이야기를 하는 것 자체가 평화 프로세스의 속도를 더디게 하며, 북한에는 좋지 않은 신호로 읽힌다. 그렇다고 해서 미국의 뜻대로만 할 수는 없다. 우리가 미국을 압도할 수 있을 만큼 여러 아이디어를 미리 치밀하게 준비하고 있어야 한다.

이와 동시에 남북관계에서는 여러 소통 경로를 통해 서로의 입장을 정리하는 작업이 필요하다. 중요한 점은 남북 정상의 긴밀한 소통이다. 북한의 체제 특성상 김정은 위원장이 결정하지 않으면 아무 일도 진행되지 않기 때문이다.

비핵화 과정을 시작하기에 앞서 북한이 자신들의 핵시설을 신고해야 한다고 주장하는 사람이 많다. 하지만 북한을 믿지 못하면서 북한의 자발적 핵능력 신고를 요구하는 것은 논리적으로 맞지 않다. 만약 북한이 자신들의 핵물질과 핵탄두, 핵시설 등을 자진해서 신고했다고 치자. 어려운 협상을 통해 겨우 이행조치에 들어가는 상황에서 과연 북한의 신고 내용을 믿을 수 있을까? 북한이 비핵화 이행 초기부터 완벽한 정보를 주지는 않으리라는 가정하에 이행을 장기적으로 진행하는 방법이 오히려 합리적이라고 할 수 있다.

중요한 것은 신고보다 이행이다. 신고는 북한의 핵능력을 하나둘씩 제거해 가면서 검증을 통해 그 완성도를 높일 수 있다. 즉, 핵물질을 제거하고 핵탄두와 발사체를 불능화하는 과정을 거치면서 자연스럽게 해결되는 문제다. 그 대신, 검증을 매우 높은 수준으로 하고, 불능화와 폐기 작업의 범위를 점차 확대해 나가면서 진행해야 할 것이다.

미국과 이란과의 핵협상은 신고 절차 없이 진행됐다. 미국이 이란의 신고 내용을 믿지 않았기 때문이다. 실제로 미국은 이란과의 핵협상 당시, 이란의 핵시설 신고 내용보다는 정보 당국의 정보에 기반을 두고 검사관들이 미신고 시설에 접근해 검증했다. 한미 정보 당국과 국제원자력기구IAEA는 오랜 시간 북한의 핵시설들에 대해 매우 정교하고 세밀한 정보를 축적해 놓았다. 핵무기를 개발하고 보유한 북한의 신고와는 별개로 우리 측 정보에 기반을 두고 검증 절차를 거치는 방법이 더 효과적이다.

어려운 협상을 통해 북한과 비핵화 합의를 했다고 치자. 그렇다면 북한의 핵능력을 검증하기 위해 먼저 북한의 핵무기 수부터 알아야 한다. 현재 북한이 핵을 얼마나 보유하고 있는지, 북한이 핵탄두 제조를 위해 플루토늄과 고농축우라늄을 얼마나 생산했고 보유하고 있는지 등을 알아내야 한다. 그리고 얼마나 많은 양의 플루토늄과 고농축우라늄을 과거 핵실험에 사용했는지도 알아내야 한다. 즉, 북한의 과거 핵을 검증하는 과정도 필요하다. 북한이 과거 핵실험에서 얼마나 많은 핵물질을 사용했는지는 핵무기 생산과 감시 경험이 있는 핵보유 국가들이 추정할수 있을 것이다. 이는 미국이 북한의 핵시설에 접근할 때만 가능한 일이다. 그러니까 신고 그 자체보다 현장 검증이 중요하다.

마지막으로 북한의 미래 핵능력을 제거하는 작업이 필요하다. 북한이 모든 핵무기와 핵물질을 포기하더라도 향후에 프로그램을 재개할 수 있느냐는 필수 확인 사항이다. 사실 이 과정이 가장 어려운 작업이다. 어딘가에 은닉해 놓을 수 있는 핵물질, 그리고 핵기술을 보유한 북한 핵과학자들과 엔지니어들을 어떻게 할지는 매우 복잡한 문제다. 북은 핵의 평화적 이용 권리를 주장할 것이다. 이는 정말 주권적 사안이다. 주권국가가 평화적으로 핵을 발전 시설과 같은 에너지원으로 사용하겠다고 하면 사실상 막을 방법이 없다. 당연히 북한에도 이런 권리가 있다.

또한 북한의 플루토늄 재처리 및 우라늄 농축 미신고 시설을 찾아내는 일 자체는 매우 어렵고 그림이 복잡하다. 미신고 시설을 찾기 위해 미국인으로 구성된 검증단이 북한 전역을 샅샅이 조사해야 한다는 뜻이다. 대학 실험실, 공업지대, 놀이시설과 심지어 민간인 가정까지 뒤져야 할지도 모른다. 이는 북한에게 매우 치욕적인 일이 될 것이며, 북한 주민들이 이를 어떻게 받아들일지도 미지수다.

결국 한반도의 비핵화는 한 번에 해결할 수 없다. 한 걸음 한 걸음 점진적으로 해결해 나갈 수밖에 없지 않을까? 그래서 북이 원하는 것들과 우리가 할 수 있는 것들 사이에서 접점을 찾아가는 과정인 평화 프로세스를 포기해서는 안 된다. 상응조치가 무엇이며, 이를 어떻게 이행할 것인지에 대한 고민이 더욱 중요해졌다. 특히 북이 원하는 적대시 정책의 해소와 비핵화를 동시행동 원칙에 의거해 점차 서로 교환해 나가며 상호 신뢰를 축적해야 한다.

03

평화체제와
종전선언

평화협정안 준비의
필요성

　　　　　　　상상해 보자. 한반도 비핵화 문제를 해결하기 위한 북미 간 협상이 끝까지 갔을 때를 말이다. 마지막 순간의 비핵화 문제는 오로지 북미 간 담판으로 결정될 것이다. 그 협상 현장에 대한민국은 참여하지 못한다. 어느 협상이든 양측의 신경이 매우 곤두서 있는 담판의 순간까지 가게 되면, 제3자가 이래라저래라 훈수 두는 것을 달가워하지 않는다.

　북한으로서는 자신들의 핵을 포기하자고 나온 마당이라 그에 상응하는 최대의 대가를 받기 위해 미국과 최종 담판이 무엇보다도 중요하다. 북한은 미국으로부터 핵무기를 포기하는 만큼의 상응조치를 받아야 손에 쥐고 있는 핵을 내려놓을 수 있을 것이다. 미국도 마찬가지다. 최소한의 상응조치로 북한의 핵능력을 확보하려 할 것이다. 이와 동시에 상응조치에 대한 비용 부담은 우리에게 전가할 것이다. 북핵 문제를 근본적으로 해결하는 데 있어 한미공조보다 중요한 순간이 바로 그 담판의 순간이다. 비핵화 이행 과정에서 미국은 핵무기와 무기급 핵물질, 핵 재처리 시설 등에 대한 우리 측의 접근 자체를 차단할 것이다. 북한 또한 "왜 남조선이 공화국의 핵시설을 기웃거리느냐?"라고 할 가능성이 높다.

문재인 정부는 한반도 비핵화의 당사자로서 북한과 미국의 상호 이해를 제고하기 위한 노력을 지속했다. 선언적으로 북미대화를 지지하고, 그 대화의 판이 깨지지 않게 양측의 의도를 투명하게 전달하는 일도 했다. 우리는 미국과 북한에 비핵화와 평화체제 등에 대한 우리의 구상을 '컨설팅'해 줬으며, 양측의 대화를 중재하고 촉진했다. 또한 미북 양측이 대화 구도에서 벗어나지 않도록 한반도의 긴장을 완화했고, 미국과 북한의 정상과 직접 소통했다.

그러나 실제로 북미정상회담이 진행되는 그 시간에는 이를 관망할 수밖에 없었다. 대한민국이 북한과 비핵화 협상을 직접 하지 않는 한, 협상장 밖에서 결과를 기다려야 하는 중재자 혹은 촉진자의 운명에서 벗어날 수 없다. 이것이 바로 한반도 비핵화와 관련된 남북미 협상의 동학이다.

평화기획비서관으로서 나는 하노이 노딜 직후, 이런 협상 동학이 우리에게 이롭지 않음을 절감했다. 북미 간 대화가 진행되기 전에 미국과 북한은 우리를 통해 서로의 의도를 묻기에 바빴지만, 막상 대화가 시작되자 소통의 양과 질은 급격히 줄어들었다. '과연 우리는 북미 비핵화 담판 시기를 대비하기 위해 무엇을 해야 할까?', '그저 북한과 미국의 협상 판이 열리면 한 걸음 뒤로 물러나 잘 되기만 기도해야 하나?', '대한민국 정부는 아무것도 할 수 없는가?'라는 질문에 답해야 했다.

그에 대한 답은 평화협정안을 구상하고 준비해야 한다는 것이었다. 평화협정이란 전쟁 상태를 종결하고 평화를 회복하며 당사자 간의 법적·제도적 관계를 규정하는 정치적 합의를 말한다. 전쟁과 적대적 관계를 종결하고 평화적이고 정상적인 관계로 서명자들의 관계를 전환한다는 뜻이다. 북한의 비핵화 과정에서 최종 단계는 정전협정을 종료하고 한반도에서 평화협정을 맺는 것이다. 그렇게 되면 지금의 분단체제는 소멸되고 새로운 한반도의 분단 질서인 평화체제가 들어선다.

평화체제란 법적·제도적 차원에서 정전협정이 평화협정으로 대체되고 항구적 평화가 정착한 상태를 의미한다. 이를 위해 상호 정치·군사적 신뢰를 증대할 수 있는 조치를 이행하며, 경제·사회적 교류협력이 제도화되고 활성화된다. 전쟁 위협은 소멸된다. 즉, 북한의 비핵화 과정과 그 끝에서 등장하게 될 한반도의 평화체제는 바로 우리의 문제다.

평화체제와 우리의 판돈

　　　　　지금의 정전협정을 평화협정으로 전환하려면 지금까지 유지되어 온 한반도의 적대적 분단체제가 상호 공존의 평화체제로 변해야 한다. 하지만 이는 어디까지나 이론적 구상일 뿐이다. 남과 북의 관계가 나쁜 상태에서 북미 간 합의로 북한의 비핵화가 진행된다면, 한미동맹이 이 비핵화 과정에서 원활히 소통하지 못한다면, 한반도 비핵화 이후 한반도 질서 설계에 우리가 참여하지 못한다면 그것보다 더 비참한 일이 있을까? 북미 비핵화 협상과 달리, 평화체제는 한반도 정치 질서의 미래에 관한 사안이다. 대한민국을 배제하고 북한과 미국이 한반도의 미래 정치 질서를 논의하는 상황을 어떤 대한민국 정부가 수용할 수 있을까?

　그래서 한반도 비핵화 과정과 그 이후에 다가올 한반도 평화체제에 관해 우리 대한민국이 어떤 구상을 하고 있는지가 매우 중요하다. 문제는 평화체제를 항상 북핵 문제 해결에 대한 상응 조치로 여겨 왔고, 북핵 문제를 당면한 안보 문제로 인식해 왔기 때문에 평화체제에 관한 구상은 매우 이론적이고 추상적인 수준에서 그쳤다는 점이다. 우리의 지적 에너지를 평화체제 구상에 집중하지 못했다.

　현실에서는 북미 간 긴장이 높아지면 한국의 영향력이 커진다. 미국 측은 우리 측 조언을 경청한다. 이때 청와대는 외교부를 포함한 관련 부처와 협의 후에 북미 간 중재안을 내놓기도 하고, 여러 로드맵을 미국 측에 제시한다.

하지만 북미 간 대화가 진행되면 미국과 북한은 우리를 끼워 주려 하지 않는다. 서로 담판을 해야 하는데, 주선자가 자꾸 끼어드는 것에 부담을 느낄 수도 있기 때문이다. 물론 한반도 비핵화의 당사자인 우리가 북미 간 협상을 바라만 봐야 하는 현실은 정말 힘들다.

그동안 북미 간 대화 구도를 조성할 때는 정작 우리가 고심해야 하는 평화체제 문제에 신경을 쓰지 못하곤 했다. 북미 비핵화 협상의 동학은 사실 한반도 미래 질서를 상응조치라는 이름으로 미국이 북한에 제시하며, 북한은 더 큰 규모의 혹은 자신들에게 유리한 상응조치를 받기 위해 노력한다는 데 있다. 그런데 북한과 미국 양쪽이 비핵화 협상에 끌어다 쓰는 판돈(비핵화 과정에서 북미가 서로 교환하게 될 상응조치인 종전선언, 국교 수립, 평화협정 등)은 한반도 미래 질서인 평화체제에서 나온다. 결국 비핵화 협상의 핵심은 평화체제의 요소를 미리 당겨다가 상응조치라는 약속, 즉 어음의 형태인 이행 계획(비핵화 로드맵)으로 만들고, 이를 담보 삼아 협상하는 형국이다. 즉, 미래 한반도의 정치 질서가 비핵화 협상에 담보가 되는 것이 비핵화 협상의 함수다.

따라서 우리에게는 한반도의 미래 모습인 평화체제의 최종 상태를 기획하고, 그에 필요한 비핵화 과정을 역산으로 도출해 내는 전략이 중요하다. 미국과 북한이 한반도의 미래를 놓고 협상한다면, 우리는 평화체제의 최종 상태와 비핵화 과정을 역산해서 비핵화의 속도감 있는 견인은 물론, 평화체제 이행기에 필요한 유엔사 협력과 군비통제, 남북관계 복원 등을 포함해 지금 당장 해야 할 일과 나중에 해야 할 일을 가리는 작업을 지속적으로 연구하고 구상해야 한다.

결국 북미 간 비핵화의 판을 남북미 협상 판으로 전환하는 일이 중요하다. 이를 위해서는 비핵화 판을 평화체제 판으로 돌릴 수 있어야 한다. 즉, 비핵화 과정에서 반드시 논의해야 할 평화협정의 내용과 요소들에 관한 포괄적 구상이 필요하다는 뜻이다. 북한은 자신들의 핵을 포기하려는 마당이므로 한반도의 군사 질서에 변화가 있어야 한다고 주장할 것이다. 그렇다면 평화협정 이후의 한미동맹, 군사 질서 등에 대한 상응조치를 북한에게 제공해 줘야 한다는 이야기다.

즉, 평화협정의 핵심은 한반도 군사 질서다. 이를 편의상 군비통제라고 불러 왔고, 다행히 문재인 정부는 9·19 남북군사합의로 기초 작업은 해 놓았다. 한반도 군사 질서에 변화가 없는 평화체제는 북한이 쳐다보지도 않을 것이 분명하다. 따라서 북한의 입장에서나 우리의 입장에서도 평화협정은 남북한 교류와 협력에 관한 규율, 군비통제 절차와 장치, 그리고 무엇보다도 비핵화에 관한 상태에 관한 명시적 합의를 반드시 포함해야 한다. 그래서 2장에서 설명했듯이 9·19 군사합의는 단순한 남북 간 군비통제 이상의 중요한 평화체제 장치라고 할 수 있다.

돌이켜 보면 평창 동계올림픽을 앞두고 연합훈련을 유예하고 판문점선언 제2조에서 군비통제를 핵심 요소로 합의한 후에 평양선언 부속서인 군사합의서를 타결할 수 있었던 이유도 북한의 안보 우려를 우리가 잘 활용했기 때문이다. 즉, 남과 북이 한반도의 군사 질서를 논의하면서 한반도 비핵화 국면에서 안정적으로 남북 간의 군사 질서를 구축할 장치를 마련한 것이다. 문재인 정부는 큰 맥락에서 평화체제의 중요한 부분에 접근했다. 지금까지도 대한민국 정부가 손에 쥐고 있는 가장 중요하고 유일한 구체적 성과이고, 앞으로의 평화협상에 대비한 핵심 단서이기도 하다.

04

6·25 전쟁을 끝낸다

한반도 평화체제
구축과 종전선언

　　　　　한반도의 완전한 비핵화와 평화체제 구축은 긴 과정이다. 그 과정의 입구에 들어서기조차 쉽지 않다. 한반도 비핵화와 평화 구축의 과정을 유지하며 진전을 이루어내는 일 또한 매우 어려운 일이다. 여러 이정표를 만들어야 하지만, 이와 동시에 그 과정을 모두가 인내심을 갖고 견뎌야 한다. 또한 이는 아직 한 번도 해 보지 못한 작업이다.

　먼저 남북미 사이에 '완전한 비핵화'와 '평화체제'라는 개념 정립과 그 과정에 관한 합의가 선행되어야 한다. 이는 서류상으로 존재하는 일종의 개념 계획이다. 여기서 중요한 점 한 가지는 바로 비핵화 협상이 얼마나 진전되는가다. 즉, 비핵화 협상의 진전 속도와 맞춰 갈지, 아니면 평화협정 협상이 속도를 내어 비핵화 협상을 견인해야 할지, 아니면 그 순서를 바꿔 비핵화 협상을 추동하기 위해서라도 평화협정 협상의 속도를 낮춰야 할지 고려해

평화의 힘

야 한다. 결국 남북미가 평화와 비핵화를 어떤 구도에서 설정하고 서로의 상응조치를 어떻게 교환할지 합의하고 실질적으로 이행하는 과정이 비핵화 과정이다.

그리고 실제로 협상 타결 이후 일을 진행하다 보면, 생각지도 못한 어려움에 봉착할 수도 있다. 그러니 지금 작성해야 할 로드맵은 이론이고, 실제로 비핵화 과정과 평화체제 구축 과정을 이행하다 보면 사전에 생각지도 못했던 문제들을 해결해야 한다. 치밀한 준비 능력과 상상력 그리고 유연성을 발휘해야 하는 종합예술이라면 과언일까?

한반도의 평화체제 구축은 남북미가 우선 협상하되 정전체제를 평화체제로 바꾸는 일이니만큼 중국의 참여도 있어야 한다. 한반도의 새로운 정치 질서를 적대적 분단에서 평화적 분단으로 변환해야 하니 챙겨야 할 부분이 많다. 먼저 평화협정에 어떤 내용을 담아야 할지가 중요하다. 또한 이 협정문에 누가 서명해야 할지도 중요하다. 정전협정에는 군사령관들이 서명했지만, 평화협정에는 각 국가의 정상들이 서명해야 할지에 관한 협의도 있어야 한다.

무엇보다도 6·25 전쟁이 종식됐다는 선언이 있어야 한다. 그리고 정전협정이 폐기되고, 남북 간의 새로운 '분단 질서'가 구축됐다는 규정이 있어야 한다. 상호 간에 어떤 군사 질서를 구축해야 하며, 경제 교류와 인적 교류를 위한 왕래를 어떻게 해야 하는가에 관한 기본 문구도 있어야 한다. 아무튼 한반도의 분단 질서가 정전에서 평화로 전환되는 체제를 구축하는 것이니만큼, 분명 평화협정은 한반도의 직접적 당사자인 남과 북이 협상을 주도해야 바람직하다.

문재인 정부는 평화협정 체결 전에 '6·25 전쟁을 끝낸다.'라고 선언하기 위해 종전선언을 추진했다. 한반도의 휴전은 1953년 7월 27일에 체결된 정전협정에 의해 규정된다. 엄밀히 말해 1950년 6월 25일 북한의 남침으로 시작된 전쟁은 아직 끝나지 않았다. 우리는 70년 동안 긴 휴전 상태에 놓여 있는 것이다. 현재 상태가 오히려 이상하게 느껴지지 않는다면 그것은 역설적으로 긴 휴전 때문이다. 보통 국가 간 전쟁이 발생하면, 한 국가가 완승을 거두지 않는 한 전쟁을 멈추고 평화협정을 맺으면서 전쟁이 끝났다는 종전선언을 한다. 이론적으로는 6·25 전쟁을 잠시 멈춘다는 의미의 정전협정을 평화협정으로 대체해야 비로소 전쟁이 끝나고 평화체제의 시대가 오는 것이다.

종전선언의 저작권

1991년 노태우 정부 시절 남북이 합의한 남북기본합의서 제1장 남북화해 제5조에는 "남과 북은 현 정전 상태를 남북 사이의 공고한 평화 상태로 전환하기 위해 노력해야 한다."라고 명시되어 있다. 노태우 정부에서도 냉전 종식과 함께 6·25 전쟁의 종전화가 한반도 평화체제의 시작이자 중요한 과정이라고 봤던 것이다.

노무현 정부에 이어 문재인 정부 또한 한반도 평화 프로세스를 진행하면서 종전선언의 중요성을 강조했고, 실제로 추진했다. 남북기본합의서와 10·4 선언을 계승하려 했고, 4·27 판문점 선언에서도 남북의 양 정상이 종전선언을 하겠다고 합의까지 했다.

종전선언은 비핵화 협상이 합의되고 실제로 첫 이행조치가 들어가면 북한에게 줄 수 있는 가장 적절한 정치적 상응조치다. 평화협정 체결을 위한 협상을 시작하기 위해서라도 종전선언은 필요하다. 이른바 '종전선언 입구론'이다. 물론 종전선언 이후의 평화협상은 비핵화 협상과 그 진도를 맞춰야 한다. 종전선언 이후의 비핵화와 평화협정 로드맵에 관해 남북미가 합의해야 할 것이다. 그래야 대한민국이 한반도 비핵화 이후 한반도 정치 질서 구축에 참여할 공간을 확보할 수 있다고 본다.

문재인 대통령은 대한민국 대통령 중 최초로 유엔총회에 5회 연속 참여해 비핵화와 평화에 관한 메시지를 지속적으로 전파했다. 2017년 9월, 취임 후 첫 유엔 연설에서 문 대통령은 한반도의 정전체제를 "64년이 지난 지금에도 불안정한 정전체제이자 동북아의 마지막 냉전 질서"로 정의했다. 그다음 해인 2018년 문 대통령은 9·19 평양정상회담을 마친 직후인 9월 26일에 유엔총회에 참석해 종전선언을 "평화체제로 가기 위해 반드시 거쳐야 할 과정"으로 정의하며 "앞으로 비핵화를 위한 과감한 조치들이 관련국들 사이에서 실행되고 종전선언으로 이어질 것을 기대합니다."라고 국제무대에서 종전선언의 운을 띄웠다.

한반도는 65년 동안 정전 상황입니다. 전쟁 종식은 매우 절실합니다. 평화체제로 가기 위해 반드시 거쳐야 할 과정입니다. 앞으로 비핵화를 위한 과감한 조치들이 관련국들 사이에서 실행되고 종전선언으로 이어질 것을 기대합니다.

어려운 일이 따를지라도 남·북·미는 정상들의 상호 신뢰를 바탕으로 한걸음씩 평화에 다가갈 것입니다. 이런 극적인 변화는 평화를 바라는 세계인들의 지지와 응원 덕분입니다.

특히 유엔은 북한에게 평화로 나아갈 용기를 주었습니다. 유엔의 역할에 감사를 표합니다. 그러나 시작입니다. 완전한 비핵화와 항구적 평화를 위한 여정에 유엔 회원국들의 지속적인 지지와 협력을 부탁합니다.

한국은 유엔이 채택한 결의들을 지키면서, 북한이 국제사회의 일원으로 함께할 수 있도록 성심을 다할 것입니다.

—2018년 9월 26일, 제73차 유엔총회 기조연설 중에서

문 대통령의 2019년 연설은 하노이회담 실패 이후 첫 유엔 연

설이었다. 여기서는 한반도 문제 해결의 3원칙인 전쟁 불용, 안전 보장, 공동 번영을 천명하며 한반도에서 "인류 역사상 가장 긴 정전을 끝내고 완전한 종전"을 이루어야 한다고 호소했다. 2020년 코로나 국면에서 화상으로 진행한 유엔 연설에서는 "종전선언이야말로 한반도에서 비핵화와 함께 '항구적 평화체제'의 길을 여는 문"이라고 정의했다.

2021년 임기 마지막 유엔 연설에서는 화해와 협력의 새로운 질서를 만드는 출발점으로 종전선언을 강조하며, "남북미중 4자가 모여 한반도에서 전쟁이 종료됐음을 함께 선언"하고 "비핵화의 불가역적 진전과 함께 완전한 평화를 시작하자."라고 마지막으로 제안했다.

문 대통령이 종전선언과 관련해 중국을 언급한 데는 이유가 있다. 미중과 한중은 적대적 관계가 아니므로 종전선언에 중국의 참여가 반드시 필수조건이라고 생각하지는 않는다. 하지만 판문점선언에서는 3자 또는 4자 형식이 가능하다고 표현했다, 우리가 적극적으로 중국의 참여를 반대할 이유도 없다. 중국이 종전선언에 참여함으로써 평화협정에 도움이 된다면 당연히 환영할 일이다. 물론 중국이 종전선언에 참여해 주한미군 철수, 연합훈련 중단, 사드 배치 철회와 같은 자국의 입장만 반영하고자 한다면 종전선언 자체가 어려워질 수 있다는 점은 충분히 고려했다.

사실 따지고 보면 종전선언을 먼저 추진하는 방향은 일반적이지 않을 수 있다. 문재인 정부에서 종전선언을 평화협정의 사전 단계로 구상한 이유는 바로 시간 때문이다. 한반도 비핵화는 시간과의 싸움이기도 하다. 비핵화 과정은 분명히 오랜 시간이 걸릴 것이다. 마찬가지로 비핵화와 연동되어 있는 평화협정 체결 및 이행도 시간이 오래 걸릴 것이다. 그렇다면 비핵화를 하려는 북한에 어느 정도는 안도감을 줄 필요가 있다. 즉, 한반도에서 전쟁은 끝났으며, 비핵화와 함께 평화체제를 목표로 뚜벅뚜벅 나아가야 함을 명확히 인식하게 해야 한다. 북한이 비핵화를 약속하는 시점에서 종전선언을 하게 된다면 상호 적대관계를 종식하고 불가침을 약속하는 등 더 안정적인 비핵화 구조를 만들 수 있다.

4·27 판문점선언에서 문재인 대통령은 종전선언을 추진하겠다고 했지만, 역사적으로 살펴보면 이는 문재인 정부가 먼저 강구한 아이디어가 아니다. 2006년 11월 18일 하노이 APEC 회의를 계기로 성사됐던 노무현-부시 대통령 정상회담 당시 부시 대통령은 "한반도에서 전쟁 상태를 종결하기를 희망한다. 한국과 미국, 북한이 한자리에 모여 한국전쟁을 최종적으로 종결하기를 희망한다."라며 노무현 대통령에게 종전선언을 제시했다. 정상회담 직후, 토니 스노우 백악관 대변인은 "정전 상태인 한국전쟁의 종료 선언이 포함될 수 있다."라며 대북 제안을 밝힌 바 있다.

2006년 11월 APEC 정상회담 이후 두 정상은 종전선언 문제에 관해 두 차례 더 협의했고, 이를 바탕으로 2007년 10월 4일 남북 공동선언에 종전선언 문제를 담았다, 어찌 보면 종전선언의 '저작권'은 노태우 정부, 노무현 정부와 부시 행정부에 있다고 할 수 있다.

05 하노이 북미정상회담

도보다리에서
만나다

       2019년 2월 28일 세계의 이목은 베트남의 수도 하노이에 집중했다. 트럼프 대통령은 18시간을 비행한 후 하노이에 도착했고, 김정은 위원장은 66시간을 기차로 이동해 도착했다. 2018년 6월 12일 싱가포르에서 열린 북미정상회담 이후 약 8개월 만에 이 두 정상은 한반도의 비핵화 협상을 위해 두 번째로 만났다.

  관심의 초점은 바로 영변 핵시설이었다. 2018년 9월 19일 평양공동선언 제5조 2항에서 김정은 위원장이 "미국이 6·12 북미공동성명의 정신에 따라 상응조치를 취하면 영변 핵시설의 영구적 폐기와 같은 추가적 조치를 계속 취해 나갈 용의가 있다."라고 문 대통령과 합의한 만큼, 과연 북미정상회담이 영변 핵시설 폐기로 이어질지, 아니면 그 이상의 합의인 '영변+α'의 성과를 낼지에 초미의 관심이 쏟아졌다.

남북 정상 간의 한반도 비핵화 관련 협의는 판문점정상회담에서부터 시작됐다. 판문점회담의 하이라이트는 두 정상이 배석자 없이 도보다리에서 진행한 단독 회담이었다. 원래 10여 분 정도 담소를 나누는 것으로 기획했지만, 실제로 두 정상의 대화는 매우 길게 진행됐다. 그 모습은 온전히 전 세계에 중계됐다.

당시 김 위원장은 문 대통령에게 자신들은 안전 때문에 핵개발을 한 것이어서 안전만 보장된다면 얼마든지 비핵화를 할 수 있는데, 그런 자신들의 진정성을 국제사회나 미국이 불신하는 것 같다며 "어떻게 하면 그런 불신을 해소할 수 있을까요?"라고 자신의 심정을 토로했다. 또한 문 대통령에게 김 위원장은 "미국과 회담은 한 번도 경험이 없는데 어떻게 하면 될까요?"와 같은 북미회담과 관련한 질문들을 했다.

남북의 두 정상이 판문점에서 사실상 비핵화와 미국을 어떻게 상대해야 하는지에 관해 논의했다. 이런 논의가 반영되어 판문점선언 제4조에서 "남과 북은 완전한 비핵화를 통해 핵 없는 한반도를 실현한다는 공동의 목표를 확인했다."라고 합의하고 "남과 북은 한반도 비핵화를 위한 국제사회의 지지와 협력을 위해 적극적으로 노력하기로 했다."라고 발표할 수 있었다.

비핵화에 관한 논의는 평양정상회담의 대부분을 차지했다. 김 위원장은 "비핵화 의지가 있는데, 어떻게 해야 하는지"에 관한 자신의 고민을 털어놓으며 "제재 해제를 포함한 미국 측의 상응조치가 북한의 비핵화 조치와 함께 주고받는 식으로 단계적이고 동시적으로 이루어지면 좋겠다."라는 구상을 피력했다. 즉, 북한과 미국의 오랜 적대관계를 청산하기 위해 상호 신뢰를 축적하면서 영변 핵시설단지의 폐기를 포함해 차근차근 과정을 이행할 의지가 있다고 했다. 그래서 남과 북은 한반도의 완전한 비핵화의 첫 단계로 영변 핵시설을 "미국 측의 상응조치에 따라 폐기한다."라는 내용을 평양공동선언에 명기했다.

북은 또한 선제적으로 풍계리 핵실험장, 동창리 엔진시험장과 미사일 발사대를 불능화했다. 이 두 지역에 대한 불능화 조치는 남북 혹은 북미 간의 합의사항이 아니었다. 북이 자신들의 비핵화 의지를 보이기 위해 자발적으로 실행했다.

우리 정부는 김 위원장의 비핵화 관련 발언 등을 미국 측에 전달했다. 북핵 문제의 직접적 이해당사자인 우리가 북한의 비핵화 의지를 미국 측에 있는 그대로 공유하는 것은 당연한 일이었다. 미국 측은 우리 측 전달 내용과 자체 정보 판단, 정책 결정, 그리고 트럼프 대통령의 결단에 따라 북미협상을 결정하고 진행했다. 김정은 위원장은 평양공동선언에서 합의한 영변 폐기안을 하노이회담에서 미국에 제안했다. 북한은 영변 폐기 조치에 상응하는 부분적 제재 해제 및 북미관계 개선 등을 기대하고 있었다.

나쁜 합의보다 합의가
없는 것이 좋다

하노이회담 전에 미국 조야를 비롯해 국내에서도 많은 전문가가 "나쁜 합의보다 합의가 없는 것이 좋다No deal is Better than Bad Deal."라는 주장을 펴 나갔다. 냉소적 전문가들은 단계적 핵폐기 노력을 폄하했고, 평양공동선언에서 북한으로부터 받아낸 영변 핵폐기 공약을 저평가했다. 나는 지금도 이 주장을 아무런 정보도 전략도 담겨 있지 않은 매우 관성적인 평가이자 2018년부터 이어온 한반도 평화 프로세스의 판을 제대로 읽지 못한 게으른 분석이라고 생각한다.

하노이정상회담 전후 워싱턴과 서울의 한반도 전문가들이 쏟아냈던 "나쁜 합의보다 합의가 없는 것이 좋다."라는 주장의 이면에는 남북한이 합의한 영변 핵시설의 폐기만으로 부족하다는 뜻이 담겨 있다. 북한이 숨겨 놓은 모든 시설과 핵무기에 대한 폐기로 일괄 합의해야 한다는 주장이었다. 즉, 남북한의 합의사항인 영변만 받거나 그에 미치지 못하는 합의는 전부 나쁜 합의라는 뜻이다.

이론적으로 따지자면 나쁘게 합의하느니 아예 하지 않는 것이 좋다는 말을 누가 부정할 수 있을까? 그러나 이 경우는 북한에서 모든 것을 완전히 한순간에 내놓으라는 억지주장에 불과했다. 이는 마치 북한을 패전국으로 간주해 무장해제시키고 북한을 마음대로 돌아다니면서 혹시 있을지 모를 핵무기의 흔적을 수색해야 한다는 의미나 다름없다. 북한을 어렵게 하노이까지 나오게 한 정책 현실, 북미 간의 두터운 불신의 벽이 존재한다는 정치적이고 역사적인 사실을 고려하지 않은 주장이기도 하다. 기본적으로 북한과 협상 중인 상황에서, 어느 협상이나 마찬가지이듯, 나는 이런 논리를 북한으로부터 중요한 것을 얻으려면 그만큼 중요한 것을 내줘야 한다는 사실을 망각한 반협상적 주장이라고 생각한다.

우리 정부는 서로 합의할 수 있는 합리적 조치들을 교환해서 '충분히 좋은 합의Good Enough Deal'를 만들어야 한다고 주장했다. 북한이 미국과 국제사회의 입장을 고려해야 하듯이, 우리도 북한의 입장을 고려하지 않는다면, 협상은 깨지기 때문이다. 북한의 처지도 당연히 협상의 변수로 고려해야 한다. 북한의 입장에서는 완전한 비핵화와 완전한 제재 해제를 한 번에 교환하는 협상안을 거부할 가능성이 높았다. 지금도 마찬가지일 것이다. 북한이 완전한 비핵화를 이루는 과정에서 겪게 될 정치적 불안감, 체제 내 파장, 그리고 강경론자들의 불만을 절대 가볍게 봐서는 안 된다. 북한이 감당할 수 있는 수준으로 비핵화 조치를 여러 단계로 나눠서 진행하는 것이 합리적이며, 무엇보다도 그 기간 동안 북미 간 협상 동력을 유지하는 것이 중요하다.

따라서 완전한 비핵화와 완전한 제재 해제에 이르기 전에 실질적 비핵화 조치와 의미 있는 제재 완화를 조기 교환해서 비핵화의 모멘텀을 유지해야 한다. 이런 관점에서 북한에 영변 폐기는 매우 큰 제안이었으며, 우리에게는 충분히 좋은 합의안이라고 생각했다. 물론 '충분히 좋은 합의'는 최종 단계에 이르는 중간 과정으로서만 의미가 있다. 영변 정도만 폐기하고 나머지는 언제가 될지 알 수 없는 미래로 넘기는 어중간한 비핵화가 그야말로 나쁜 합의다. 우리 정부는 충분히 좋은 합의를 지속적으로 만든다면 비핵화를 이행해야 하는 북한의 입장과 국내외 강경론자들을 설득해야 하는 미국의 입장을 모두 고려하면서 합의할 수 있다고 주장했다.

김정은 위원장에게 문재인 대통령과 평양정상회담에서 합의한 영변 폐기는 실제로 매우 큰 카드였다. 영변 핵시설을 북한의 비핵화 과정의 첫 카드로 제시하면, 미국과 국제사회가 민생 관련 대북제재 몇 가지를 해제해 주리라고 생각했다. 비건 대북특별대표가 스탠포드대학교 연설에서 언급한 이른바 '동시적이고 병렬적인Simultaneously and in parallel' 기조 방안에 입각한 제안이기도 했다.

그러나 그것만으로 크지 않다는Not Big Enough 미국 측의 입장은 단호했다. 하노이정상회담 현장에서 미국은 영변뿐만 아니라 모든 핵시설을 내놓아야 한다고 북한을 압박했다. 김정은 위원장은 북한 핵능력의 많은 부분을 차지하는 영변을 크게 내놓았

회담장을 빈손으로 떠나는 북미 정상의 모습. (출처: 연합뉴스)

는데, 다 내놓으라고 하니 적잖이 당황했을 것이다.

하노이 북미정상회담은 어떤 결실도 보지 못한 채 끝났다. 트럼프 대통령은 회담 직후 바로 전용기를 타고 하노이를 떠났다. 김정은 위원장은 베트남 방문 일정을 소화한 후, 다시 66시간 동안 전용열차를 타고 평양으로 돌아갔다. 두 정상 모두 빈손 귀국이었지만, 김정은 위원장의 손이 더 크게 텅 비어 보였다.

나는 2019년 2월 28일 당시 청와대 안보실 여민3관 3층 구석에 있는 사무실에서 텔레비전을 응시하고 있었다. 트럼프가 JW 메리어트 호텔에서 나와 전용차를 타고 사라지는 모습을 보며 '아, 결렬이구나!'라고 생각했다. 그리고 바로 신동호 연설비서

평화의 힘

관에게 전화했다. 대통령의 삼일절 기념사 내용을 바꿔야 했기 때문이다. 신 비서관은 이미 그 작업을 하고 있다고 했다.

그날 나는 청와대 여기저기를 다니며 대책회의를 했고, 하노이, 평양, 워싱턴의 동향을 파악하기 위해 외교부와 국정원의 정보라인을 최대한 가동했다. 정신없이 바빴다. 어떤 감정이 들기보다는 빨리 지나가기를 바라는 마음, 그리고 무슨 메시지를 내보내야 할지, 사후 대응은 어떻게 해야 할지 등에 관해 많은 생각이 들었던 듯하다. 그날 늦은 퇴근길에 비서관실 동료들과 소주를 마셨던 기억도 있다. 취기가 돌아서였을까, 그때서야 비로소 화도 나고, 힘도 빠지고 했다. 그렇게 그날은 지나갔다.

그다음 날인 삼일절 기념식에서 발표된 대통령 연설은 다음과 같았다. 비록 하노이에서는 합의가 없었지만, 대통령은 긍정적 메시지를 내어 국민을 안심시킬 필요가 있었다. 회담 결렬이라는 현실 또한 직시해야 했다. 길지만 인용해 본다.

한반도의 항구적 평화는 많은 고비를 넘어야 확고해질 것입니다. 베트남 하노이에서의 2차 북미정상회담은 장시간 대화를 나누고 상호 이해와 신뢰를 높인 것만으로도 의미 있는 진전이었습니다. 특히 두 정상 사이에 연락사무소의 설치까지 논의가 이루어진 것은 양국 관계 정상화를 위한 중요한 성과였습니다. 트럼프 대통령이 보여 준 지속적인 대화 의지와 낙관적인 전망을 높이 평가

합니다.

더 높은 합의로 가는 과정이라고 생각합니다. 이제 우리의 역할이 더욱 중요해졌습니다. 우리 정부는 미국, 북한과 긴밀히 소통하고 협력하여 양국 간 대화의 완전한 타결을 반드시 성사시켜 낼 것입니다. 우리가 갖게 된 한반도 평화의 봄은 남이 만들어 준 것이 아닙니다. 우리 스스로, 국민의 힘으로 만들어낸 결과입니다.

나는 2019년 3월 1일 자로 평화군비통제비서관에서 평화기획비서관으로 보직이 이동됐다. 하노이회담 이후, 내가 한반도 비핵화 업무에 집중할 필요가 있다는 정의용 안보실장의 건의에 따라 대통령은 평화기획비서관실을 신설하고 나를 평화기획비서관으로 임명했다. 하노이회담이 결렬되면서 비핵화 담당 비서관이 된 것이다.

지금도 왜 회담이 결렬됐는가를 생각할 때가 있다. 회담장에 있었던 미국 측 인사들이 우리에게 그 이유를 여러 차례 설명하기도 했다. 나는 미국 측의 브리핑을 대체로 있는 그대로 접수했다. 북측의 주장도 여러 경로를 통해 파악했다. 그렇지만 협상장에 없었던 우리로서는 왜 협상이 결렬됐는지 그 결정적 이유를 알 방법이 없다. 협상이 결렬된 이유, 그 속사정에는 미국의 진실과 북한의 진실이 따로 있을 것이다.

06 　합의를 이루지 못했다

떠나지
말았어야 했다

　　　　　내가 생각하는 하노이 북미정상회담 결렬의 이유는 다음과 같다. 평양정상회담 이후, 한미는 여러 경로를 통해 영변 폐기에 관한 협의를 진행했다. 미국도 북측의 단계적이며 실질적인 비핵화 조치를 진지하게 고민하고, 때로는 긍정적으로 고려하고 있다는 기류가 감지되기도 했다.

　김영철 노동당 부위원장은 대미특사 자격으로 2019년 1월 18일에 백악관을 방문했다. 이때 김 부위원장은 김정은 위원장의 친서를 전달했다. 당시 북측은 이미 중간 단계 조치로서 영변 핵시설단지의 폐기를 제안했다고 알려졌다. 2월 1일 비건 대북특별대표는 스탠포드대학교 강연에서 "동시적이고 병행적"인 방식으로 비핵화를 추진하겠다는 입장을 공개적으로 내놓았다. 비건 대표가 스탠포드대학교에서 연설한 핵심 방안은 과정적 접근법Procedural Approach이었다. 영변 폐기를 먼저 받고, 북측으로부터 더 많은 조치를 받기 위해 적절한 상응조치를 해 주면서 북한의 비핵화를 지속적으로 유도해 나가는 방법이다. 우리 측의 충분히 좋은 합의안과 대동소이하다고 느꼈다. 미국 측은 비건 대표의 연설 내용이 미국 측 상부의 재가를 받았다고 우리 측에 공유했다.

2월 6일 스티븐 비건 대북특별대표가 서울을 거쳐 평양을 방문했을 때, 북측은 영변의 폐기 조치에 대한 상응조치로 수산, 섬유 및 임가공, 해외노동자 등에 부과된 국제제재의 유예를 요구했다. 미국 측은 영변 이후 양측이 취해야 할 조치들을 설명했고, 영변만으로 모든 비핵화 조치가 끝나지 않음을 명확히 했다. 하노이 북미회담 전에 김영철 부위원장의 방미, 스티븐 비건 대표의 방북 등으로 대면 실무협의가 어느 정도 이루어진 것이다. 물론 양측이 실무합의를 통해서 영변에 관해 완벽히 합의를 봤다고 성급하게 결론을 지을 수는 없었다. 북한의 실무협상단에 얼마나 실질적 권한이 있었는지도 의심스러웠다. 그러나 최소한 양측이 하노이에서 어떤 주장을 할 것인지 미리 알고 있었다는 의미는 된다.

2월 27일 하노이 현지에서 양측은 첫 만찬을 가졌다. 만찬 분위기는 나쁘지 않았다. 나는 트럼프가 사업가로서 파티나 식사 자리에서 상대방을 기분 나쁘게 하지 않는 좋은 호스트라고 생각한다. 문 대통령과 오찬회담에 두 번 참석한 적이 있었는데,

평화의 힘

그는 식사 자리에서 이런저런 농담을 하며 분위기를 주도하는 스타일이라고 기억한다.

상황은 그다음 날 바로 바뀐다. 2월 28일 북미회담장에서 김정은 위원장은 영변 핵시설 해체에 대해 5개 민수 분야에 대한 제재 해제를 요구했다. 바로 북측이 평양에서 비건 대표에게 요구했던 수산, 섬유 및 임가공, 해외노동자 등에 관한 분야였다. 알려진 바로는 이때 트럼프가 영변 핵시설의 폐기와 더불어 북측의 대륙간 탄도미사일ICBM을 포함한 생화학무기 해체를 북측이 수용하면, 북측의 요구사항인 5개 분야의 제재 해제를 받아주겠다고 되받아쳤다고 한다.

미국 내 정치 상황이 트럼프 대통령에게 악재로 작용했던 듯하다. 트럼프 대통령에 대한 탄핵 움직임이 있었을 뿐만 아니라, 미국 네오콘들과 강경 대북전문가들이 영변 폐기로만 안 된다는 주장을 각종 언론 매체를 통해 쏟아내기 시작했다. 이에 따라 하노이 현장에서 미국 측은 단계적이고 병행적인 해결 방식 입장에서 후퇴해 북측의 일시적이고 일방적인 선先 비핵화 조치만을 강하게 요구했고, 협상은 결렬됐다. 중간 단계의 합의인 영변 폐기만으로는 미국 내에서 강한 비판이 예상됐으므로 북한에 강한 모습을 보여 국내 비판을 모면하려고 했던 것이다. 그래서 영변 폐기만으로 안 되고, 소위 영변 이상의 합의안인 영변$+\alpha$를 주장한 것이었다. 그리고 트럼프 대통령은 성급히 하노이를 떠났다.

내가 이해가 안 되는 부분이 하나 있다. 영변+α라고 할 때, 영변이 알파보다 더 큰 성과여야 하지 않았나 싶다. 어떤 합의에서 부속합의가 본합의보다 클 수가 있을까? 결국 미국 측의 영변보다 더 큰 것을 받아내기 위한 전략과 영변이면 충분히 큰 합의라고 생각했던 북한의 전략 사이의 큰 간극으로 협상은 결렬됐다.

나는 미국이 북한이 제시한 영변 폐기를 먼저 받고, 더 많은 것을 받기 위해 하루 이틀 더 협상을 지속하는 모습을 보여야 했다고 생각한다. 물론 그에 맞는 상응조치를 북한에 제시한다고 해서 영변 핵폐기 이상의 성과를 거둘 수 있었을지는 미지수이긴 하다. 그러나 트럼프 대통령이 북한이 제시한 영변 핵시설 폐기를 수용하지 않고 하노이를 바로 떠나면서 핵협상이 더는 불가능해졌다. 최소한 한반도 비핵화의 최종 상태에 관해 합의를 본다던지, 아니면 하노이에서 영변 핵시설 폐기를 합의하고, 이에 대한 상응조치에 관해 협의를 지속하면서 북한을 협상장에 머물도록 했어야 했다. 결과적으로 먼저 떠난 측은 미국이 되어버렸다.

북한과는 협상체제를 유지하는 것이 가장 중요하다. 미국은 북측이 폐기할 핵시설과 핵무기, 핵물질 등을 명확히 규정하고, 이를 실행할 때마다 어떤 제재를 완화할지 협상 테이블에서 제시했어야 했다. 이런 상응조치 교환을 중심으로 협상을 진행했더라면 하노이 북미회담은 중요한 변곡점이 될 수 있었다. 미국은 먼저 떠나지 말았어야 했다.

북한도 영변 핵시설 폐기 공약을 명확히 하고 협상을 지속했어야 했다. 하노이에서 북한은 영변 폐기의 의미를 미국에 끈기 있게 설명하고 이에 상응하는 조치를 미국과 협상해야 했다. 단순히 영변 카드만 내보이지 말고, 그 외에 미국이 요구할 수도 있는 사안들에 대해 대안을 마련했어야 했다. 영변 핵시설 폐기 카드가 북측으로서는 매우 큰 결심이었겠지만, 현장에서 내놓을 미국 측 요구에 대해 여러 가능성을 검토했어야 했다. 그래서 미국과 북한은 하노이에서 상호 교환한 공약을 문건으로 작성해 소위 하노이합의를 이끌어 냈어야 했다.

결국 하노이회담이 성과를 내지 못하며 북미 간 상호 불신의 벽은 더욱 높아지고 두터워졌다. 그 이후에도 북미 간에 의미 있는 대화는 불가능해졌다.

끝나지 않은 노력

하노이회담 이후, 우리는 북미 양측에 비핵화 협상의 최종 상태와 로드맵을 협상 초기에 합의하자고 제안했다. 이를 통해 북한을 협상의 틀 안에 묶어 둘 수 있다고 믿었다. 이와 동시에 미국에는 북한의 입장에서 수용성이 높은 제안을 한미가 함께 하는 것이 중요하다고 주장했다. 아무리 한미가 심혈을 기울여 여러 제안을 북측에 한다 해도 북한이 자신들의 관점에서 수용하지 못하면 아무 소용이 없기 때문이다.

우리는 한반도 비핵화의 최종 상태를 핵물질과 핵시설, 핵무기의 완전한 제거로 규정하고, 북측이 하노이에서 제시한 영변 핵시설의 완전한 제거와 함께 핵활동 전반에 대한 중단, 풍계리 핵실험장과 동창리 미사일 시험장 폐기를 단계적으로 진행해서 최종 상태에 다다르는 이행 계획인 로드맵을 양측 실무진에서 협상하자고 주장했다. 이를 통해 지속 가능한 협상의 틀 속에서 점진적으로 이행 가능한 성과를 만들자는 계획이었다.

그러면 미국은 영변뿐만 아니라 그 이상인 최종 상태와 이행 계획 등을 받게 되는데, 이때 북한이 요구한 민수 분야의 제재를 일부 완화해 주고, 종전선언을 해서 북한에 정치적 안도감을 주며, 그들이 요구하는 안전 보장에 관한 협의를 공식적으로 시작하면 되겠다고 생각했다.

정치적으로 양측에 모두 이득이 되는 방안이었다. 미국은 영변을 비롯한 북한의 핵시설을 하나둘씩 제거할 수 있는 실질적 효과를 얻기 때문이었다. 북한도 자신들의 비핵화 공약을 이행할 때마다 제재 완화 일부를 획득할 수 있을 뿐만 아니라 북미관계도 개선되는 이익을 누릴 수 있었다. 더욱이 북미관계가 개선됨에 따라 한반도 안보 환경이 개선되고, 남북관계의 복원도 한층 속도를 높일 수 있었다. 이것이 바로 당시 우리 정부가 북미 양측에 주장했던 포괄적 합의, 단계적 이행의 핵심이었다.

북미회담의 동력을 다시 살리기 위해 우리 정부는 미국과 북한이 각각 두 가지 선행조치를 내놓기를 바랐다. 미국에는 첫째로 "비핵화와 함께 북한의 안보 우려도 해소될 것이며, 그와 관련해서 북한과 상의할 것이다."라고 공개적으로 언급해 주고, 둘째로 "영변이 중요한 시설이고 비핵화의 진전을 위해 아주 좋은 출발"임을 시사해서 하노이의 협상안을 계속 가져가기를 바랐다. 이와 동시에 북한도 "실무협의를 할 수 있다."라는 메시지를 발신하고, "완전한 비핵화는 당연히 핵무기와 물질, 모든 시설의 폐기를 포함한다."라는 메시지를 명확히 밝혔으면 했다. 실제로 그런 의사를 전달하기도 했다. 하노이회담 이후 비핵화의 최종 상태에 관한 명확한 규정 없이는 협상을 재개하기가 어려워졌기 때문이다.

하노이정상회담은 북미 양측이 서로의 협상 카드를 확인했다는 데 의의가 있지만, 미국은 이후 북한에 대한 최대 압박 기조를 유지하면서 제재 해제에 대한 유연성을 보여 주지 못했다. 이와 동시에 북측 또한 하노이 이후 사실상 자기검열의 시간을 가지면서 미국 측과 하노이 이전처럼 적극적으로 협상하지 못했다.

트럼프 대통령과 김 위원장은 2019년 6월 30일 판문점에서 깜짝 회동했고, 양측 실무대표단은 스톡홀름에서 한 차례 협의를 진행했지만, 비핵화 회담을 되살릴 수 있는 돌파구를 찾지는 못했다. 게다가 2020년 초에는 코로나19가 발병해 북한이 자신을 스스로 봉쇄함에 따라 북미 간 의미 있는 대화가 더는 진행되지 못했다. 하노이회담 이후 시간이 흘러 문재인 정부의 비핵화 노력은 임기 만료와 함께 멈췄다.

2022년 9월 22일 IAEA 사무총장은 "영변의 5MW(메가와트) 원자로가 작동하고 있고, 원심분리 농축 시설이 계속 운영되고 있으며, 이 건물의 사용 가능한 면적이 3분의 1가량 확장된 징후가 확인됐다."라고 IAEA 이사회에 보고했다. 만일 2019년 2월 하노이에서 영변 폐기에 관해 합의를 봤다면, 지금의 남북·북미 관계는 더욱 발전했을 것이며 한반도의 비핵화는 비가역적으로 차근차근 진행되고 있을 가능성도 크다. 현재 영변의 핵활동을 걱정하는 모습을 보니, 복잡한 마음이 든다.

근본적으로 북한과 협상을 잘 하려면, 북측이 내놓겠다고 하는 것을 먼저 받아야 한다. 상호 불신의 벽이 높은 북미 간 비핵화 협상은 한 방에 끝내는 빅딜이 불가능하다. 관건은 비핵화 협상과 이행 과정을 동시에 진행할 수 있는 충분히 좋은 합의 내용의 도출이다. 비핵화 과정은 말 그대로 과정이다. 미국이나 북한 모두 비핵화와 이에 상응하는 조치를 하나씩 획득해 가면서 북미관계를 개선해 나가야 하는 것이 비핵화 과정의 핵심 함수다.

07

만약 하노이에서
합의를 했다면?

영변 핵시설의
가치

　　　　　　"나 보기가 역겨워 가실 때에는 말없이 고
이 보내 드리오리다. 영변에 약산藥山 진달래꽃 아름 따다 가실
길에 뿌리오리다."

　영변 하면 단연 김소월 시인의 시 '진달래꽃'이 떠오른다. 여기
서 약산은 영변군에 있는 산의 이름이다. 평양에서 북쪽으로 약
100㎞ 떨어진 평안북도 영변군에는 영변 핵시설단지가 자리 잡
고 있다. 영변 지역은 분지 형태를 띠고 있으며, 핵시설단지의
면적은 약 16㎢인데 이는 여의도 면적의 약 2배에 이른다.

　북한은 1962년 소련의 기술 지원으로 영변 원자력연구소
를 설립했다. 그다음 해에는 2MW급 소형 연구원 원자로인 IRT-
2000을 소련에서 도입해 1967년부터 가동했다. 1980년에는
5MW급 원자로를 설치하고 1986년부터 가동하기 시작했다. 영변
에는 플루토늄을 생산하기 위한 흑연감속로, 우라늄 농축 시설,

북한의 영변 핵단지 주요 시설. (출처: IAEA)

폐연료봉 임시저장소, 핵연료 재처리 공장, 액체폐기물 저장고, 지하갱도 등 300여 동의 핵물질 생산 건물과 연구원들의 생활 건물 등이 밀집해 있다. 현재 영변 원자력연구소 산하에는 우라늄 자원 개발, 핵물리, 방사화학, 핵재료, 원자력, 동위원소 이용, 중성자물리, 원자로 설계, 핵전자학, 방사선방호연구소 등 10개의 연구소가 설립되어 있으며, 약 2,000명에서 3,000명의 전문 인력이 이곳에서 근무한다고 알려져 있다.

영변 핵단지에서는 고농축우라늄, 플루토늄, 삼중수소 등을 생산하고 있으며, 이 밖에 핵무기 생산에 필요한 여러 물질을 재처리하거나 가공한다. 북한 핵능력의 핵심 시설들이 밀집해 있다. 북한은 2010년 11월 미국 핵물리학자인 지그프리드 해커 박사를 초청해 영변 핵시설단지를 공개한 바 있다. 그는 영변 핵시설이 북한 핵능력의 50~70%를 차지할 것이라고 주장했다.

영변의 가치를 낮게 평가해서는 안 된다는 것이 문재인 정부의 입장이었다. 영변이 갖는 기술적 가치와 정치적 의미, 그리고 한반도 평화 과정에서의 위치를 종합적으로 판단해야 하기 때문이었다.

북한 핵개발사의 관점에서 본다면, 영변 핵시설단지는 북한 핵프로그램의 근간이다. 영변 핵시설을 폐기하면 북한의 플루토늄 생산은 전면 중단된다. 플루토늄은 고위력 소형 핵탄두 제조에 필요한 물질이다. 고농축우라늄만으로 핵탄두의 위력을 키우려면 탄두 무게를 크게 늘릴 수밖에 없다. 또한 영변의 폐기와 함께 북한의 삼중수소 생산도 중단될 것으로 예상된다. 삼중수소는 북한이 핵증폭탄이나 수소폭탄을 만드는 데 필요한 물질이다. 물론 북한이 이미 보유한 플루토늄과 삼중수소가 있겠지만, 생산 능력을 제거하는 것의 가치는 무시할 수 없다.

더욱이 플루토늄 재처리 시설은 한번 해체하면 비밀리에 다시 건설하기 어렵다. 재처리 시설은 워낙 대규모 시설이고 뜨거운 열을 배출하기 때문에 다시 건설하다가는 금방 미국과 국제사회가 찾을 수 있다. 플루토늄 생산 공정상 주요 시설 간에 위험하고 뜨거운 물질을 이동시켜야 하므로 모든 시설을 최대한 밀집해 놓을 수밖에 없다. 따라서 재처리 시설은 여러 군데 분산해서 숨길 수도 없다.

기술적 차원에서 더욱 중요한 점은 영변 폐기 과정에서 얻게 될 정보다. 많은 사람이 북한의 핵시설을 마치 보고 온 것처럼 발언하고 분석하지만, 실제로 영변 핵시설을 제대로 본 사람은 거의 없다. 해커 박사 정도가 북한이 보여 준 일부 시설을 육안으로 관찰하고 온 몇 안 되는 사람이다. 영변 핵시설을 폐기하기로 한다면, 그 과정에서 미국 전문가들이 영변에 들어가 핵시설을 보고 북한 전문가들과 심층 인터뷰를 진행하면서 폐기 작업에 돌입하게 된다. 일반적인 핵폐기 절차에 따르면, 미국 전문가들은 북한 전문가들을 인터뷰해서 핵시설의 기술적 제원과 운영 상황을 조사한 후에 실제 폐기 작업이 계획대로 진행되는지에 대한 모니터링을 주된 일로 할 것이다. 이때 미국의 첨단 장비와 중장비와 지원 인력이 필요하다.

핵심은 이 과정에서 미국 전문가들이 북한 핵프로그램에 관한 주요 정보를 얻을 수 있다는 점이다. 영변 핵폐기 과정에서 축적되는 정보와 이미 한미 당국이 파악한 정보를 결합한다면 북한 핵프로그램의 전반적 윤곽을 데이터로 확보할 수 있을 것이다. 영변을 완전히 노출하며 폐기하고도 북한이 '은닉 시설'을 끝까지 숨길 수 있을지는 의문이다. 이것이 영변의 숨겨진 핵공학적 가치다.

영변의 정치적 의미도 고려해야 한다. 북한으로서는 북한 핵 프로그램의 심장부를 내놓는 것이나 마찬가지다. 지금 로스알라모스 국립 연구소가 미국 핵무기 프로그램에서 차지하는 비중은 예전과 같지 않지만, 맨해튼프로젝트의 심장부로서 갖는 상징성은 무시할 수 없다. 북한의 핵능력은 영변에서 시작했고 여전히 매우 중요한 부분을 차지한다. 영변을 전면적으로 완전히 폐기한다면 북한의 비핵화 과정은 기술적으로나 정치적으로 돌이키기 어려운 단계에 접어든다고 봐야 타당하다.

물론 영변이 북한 핵프로그램의 전부는 아니다. 영변 폐기를 대가로 모든 제재를 해제할 수는 없다. 하노이에서 북한이 5개 민수 분야의 제재 해제를 요구했음을 고려하면 북한도 이를 잘 알고 있다고 할 수 있다. 또한 영변의 값어치를 두고 북한과 어느 정도 흥정이 오고 가는 것도 당연한 일이다. 우리는 가격을 낮게 쳐 주려 하고 북한은 최대한 얻으려 하는 상황을 자연스럽게 생각해야 한다, 하노이에서 북한이 내놓은 영변의 값이 아마도 가장 저렴했던 듯하다. 앞으로는 더 비싸질 것이다. 북한이 포기하겠다는 부분을 받는 것, 그리고 그에 맞춰 상응조치를 해 주면서 더 받아낼 협상을 진행하는 것은 나쁜 합의가 아니다.

여기서 한 가지 짚고 넘어가야 할 점은 북한에서 영변의 가치를 결정할 수 있는 사람은 김정은 위원장 밖에 없다는 사실이다. 결국 미국 대통령과 김정은 위원장, 그리고 대한민국 대통령 간의 정치적 합의로 그 가치가 정해질 수밖에 없다. 앞으로 한반도 비핵화를 위한 협상을 진행할 때, 대통령의 역할이 더욱 중요할 수밖에 없는 이유다. 특히 비핵화 이행 과정에서 어떤 상태를 생산 중단 상태로 볼지, 어떤 시설이 어느 정도로 해체됐을 때 시설 비보유 상태로 볼지를 지표화indexation해서 조작적으로 정의operationally define해야 한다. 즉, 로드맵 합의의 최종 결정자도 북한의 김정은 위원장이 될 수밖에 없다.

북한이 이 정도까지 합의하려면 정말 큰 결단이 필요하다. 김 위원장의 입장에서는 미국과 한국을 신뢰하고 비핵화의 여정에 나서야 하는 상황이다. 결국 대한민국 대통령의 역할이 결정적이 될 것이다. 북한을 설득하고, 미국을 앉혀 놓고 서로의 조치를 명확히 조정해야 하는 행위자는 대한민국이고, 대한민국 대통령이 해야 할 일이다.

만약 합의를
했더라면

만약 김정은 위원장과 트럼프 대통령의 협상이 영변 핵시설 폐기와 민수용 제재 3개 내지 5개 해제 정도에서 타결됐다면, 2023년의 한반도와 북미관계는 어떤 모습이었을까?

먼저 북미는 양 정상의 합의를 이행하기 위해 실무회담을 진행했을 것이다. 이와 동시에 미국은 영변 현지에 실사팀을 파견해 영변 핵시설단지 폐기를 위한 조사를 진행했을 것이다. 조사 결과에 따라 현지에 파견할 미국 측 인원의 규모가 결정됐을 것이다. 아마도 최소 200명에서 400명의 미국 측 핵시설 전문가와 외교관이 영변에 상주하며 북한의 핵전문가들과 함께 영변 핵시설을 폐기하기 위한 협의를 진행했을 것이다. 폐기가 진행될 예정이니 영변 핵시설단지에서 고농축우라늄, 플루토늄, 삼중수소 등과 같은 핵물질은 이미 생산이 중단됐을 것이다. 핵시설의 사찰은 물론, 이미 생산해 놓은 핵물질의 양을 검증할 수 있었을 것이다.

오랜 기간 이 지역에 상주해야 하는 미국 측 인사들의 숙소 시설을 건설하고, 이들에게 식량 등을 보급해야 하므로 남측이나 미국 본토에서 각종 물자를 공급했을 것이다. 사실상 미국이 북측에 연락사무소를 설치한 것과 마찬가지가 되는 셈이다.

영변에서 핵시설 폐기를 위한 활동을 미국 측과 북측이 함께 진행하고, 이들과 연락을 위한 상주시설을 개설한다면, 북미관계는 지금과는 비교할 수 없을 정도로 발전되어 있을 것이다. 북한 또한 제재 일부가 해제됐으니, 민생과 관련한 경제활동을 통해 경제 상황이 진전됐을 것이다.

여의도의 두 배만 한 면적에서 300여 동의 핵 관련 시설을 폐기하는 데는 오랜 시간이 걸릴 것이다. 서울에서 아파트 건축을 위한 뉴타운 사업을 진행하는 데도 몇 년이 걸리는데, 핵시설단지를 통째로 폐기하는 데 걸리는 시간은 쉽게 상상할 수 없다. 게다가 이는 아무도 해 보지 않은 작업이므로, 미국 측과 북측의 핵전문가들은 오랜 기간 긴밀히 협의하고 소통해야 한다. 이런 전문가 소통expert communication을 통해 미국은 영변 핵시설을 더 명확히 이해할 수 있게 될 것이다. 또한 영변 이외의 지역에 있는 다른 핵시설에 대한 이해도 높아질 것이다. 북한에는 핵전문가의 수가 제한적이기 때문에 영변에서 핵물질을 다루었던 북측 전문가들은 다른 핵시설에 관해서도 잘 알고 있을 것이다.

북한이 이미 풍계리와 동창리를 폐기했기 때문에 영변의 핵시설 폐기가 진행되는 동안 북한이 또 다른 핵실험이나 장거리 미사일 발사를 할 수는 없을 것이다. 북한의 핵과 미사일 능력의 진화를 멈추게 한 것과 마찬가지다. 북의 완전한 비핵화에 큰 걸음으로 더 가까이 다다를 수 있었을 것이다.

남북한 간의 군사적 긴장도 크게 완화됐을 것이다. 남북군사합의에서 남북이 합의했던 남북군사공동위를 개최해 남북이 한반도의 비핵화가 진행되는 동안 군사적 긴장을 완화할 수 있는 조치를 획기적으로 취할 수 있었을 것이다. 이와 동시에 남북한 간 예술, 체육, 사회, 경제 등 모든 분야에서 교류는 물론 이산가족 상설면회소 설치 및 서신 교환 등과 같은 사안들도 해결됐을 것이다. 그러는 동안 북미관계는 물론 남북관계는 정치적으로 많이 안정되어 갈 것이다. 철도와 도로 연결, 개성공단 재개 및 관광사업 정상화, 경제특구 조성, 환경 및 의료 분야 협력 등으로 남북경제 교류를 확대해 남북 간의 평화통일을 위한 실질적 기반이 구축되기 시작했을지도 모른다.

무엇보다도 당시 "나쁜 합의보다 합의하지 않는 것이 더 좋다."라고 외쳤던 사람들이 지금 여러 매체와 세미나에서 한반도의 안보를 논하는 아이러니는 확실히 없었을 것이다.

2023년의 관점에서 본다면 북한 무인기 따위는 걱정하지 않아도 되는 발전된 남북관계와 수백 명의 미국인이 영변에서 북한의 핵시설을 직접 해체할 수 있을 정도로 향상된 북미관계가 펼쳐졌을 것이다. 전쟁이나 확전을 감히 입에 담을 수 없는 한반도 평화를 누리며 비핵화를 뚜벅뚜벅 진전시키고 있었을 것이다. 물론 상상이다. 현실에 없는 슬픈 상상.

강한 말과 말의 대결,
그것이 초래하는 결과를 2017년에
우리가 생생하게 목격하지 않았습니까?
북한에 대해서 우리가 군사적인 충돌 없이
응징하거나 제재할 수 있는 방법이 전혀 없는 상태에서
그저 그냥 감정을 있는 그대로 표현한다는 것이
현명한 길이겠습니까?

—2022년 4월 26일, 문재인 대통령과 손석희 JTBC 전 앵커의 대담 중에서

Chapter 4

대통령과
평화

01   대한민국의 핵무장은 가능한가?

핵무장론의 논리와
진실

       윤석열 대통령은 2023년 1월 11일 외교부와 국방부 공동 업무보고 마무리발언에서 북한의 도발과 안보위협에 대해 "더 문제가 심각해져서 여기 대한민국에 전술핵을 배치한다든지, 우리가 자체 핵을 보유할 수도 있다."라면서 "만약 그렇게 한다면 오랜 시간이 안 걸려서 우리 과학기술로, 앞으로 시간이 지나면 더 빠른 시일 내에 우리도 가질 수 있다."라고 했다.

  대한민국 대통령의 자체 핵개발 발언이 비핵화를 담당하는 외교부와 북핵 대응을 군사적으로 담당하는 국방부의 공식 업무보고에서 나온 것이다. 우리나라도 핵개발 기술이 있으니, 결단만 하면 빠른 시간 내에 개발할 수 있다는 뜻이었다. 한반도의 비핵화를 위해 애썼던 5년의 세월이 우리도 핵무장을 할 수 있다는 윤석열 대통령의 발언 한마디로 빛이 바래는 순간이었다.

박근혜 정부 시절부터 북한에 맞서 우리도 핵무장을 해야 한다는 주장이 극우 세력뿐만 아니라 보수여당에서도 등장하곤 했다. 당시 정진석 원내대표를 비롯한 31명의 새누리당 의원은 '북핵 문제 해결을 위한 새누리당 의원 모임'(일명 핵포럼)을 만들어 국회 내에서 수차례 세미나를 개최해 핵무장론을 전파하려 했다. 많은 보수 안보 전문가가 핵무장 욕망을 드러냈다. 새누리당의 핵포럼은 2016년 9월 12일 "핵무장 등 모든 가능한 수단을 동원해 대한민국과 국민의 안위를 지켜야 한다."라는 성명을 발표하기도 했다.

대한민국의 자체 핵무장론은 '자위권 차원의 독자적 핵무장'에서 '미국의 전술핵 배치'까지 그 차이는 있지만, 어쨌든 모두 핵으로 핵을 막자는 주장이다. 여기에는 당시 이정현 대표뿐만 아니라 김무성, 김문수, 오세훈 등 당내 유력 대선후보들까지 힘을 보탰다.

촛불혁명이 일어나 박근혜 대통령은 탄핵되고, 문재인 정부가 들어섰다. 그리고 앞에서 설명했듯이 한반도 비핵화를 위한 평화 프로세스가 정책의 중심에 있었다. 그 사이에 새누리당은 국민의힘으로 당명이 바뀌었고, 곧이어 윤석열 정부가 들어섰다. 이와 동시에 다시 자체 핵무장론이 등장했다. 주 영국 북한대사관 공사였다가 한국으로 탈북해 국회의원까지 된 태영호 의원은 심지어 "핵무장으로 북한이 핵을 폐기하면 우리도 폐기하는 '한

시적 핵무장'인 점을 국제사회에 호소해야 한다."라고 주장하기
도 했다. 핵을 포기하기 위해 핵을 개발해야 한다는 궤변이다.

　국민의힘에서는 핵무장의 당위성을 주장하는 의견이 끊임없
이 나오고 있다. 정권이 바뀌고 안보정세가 악화되고 있다고는
하지만, 한반도 비핵화에 관한 논의는 사라지고 우리의 핵무장
에 관련한 논란이 등장하니 마치 나라가 바뀐 듯하다. 그런데 한
반도의 비핵화 대신 한반도 전역의 핵무장을 위해 우리가 핵무
기를 개발해야 한다면, 어떻게 해야 할까? 가능은 한 일일까?

북한처럼
살고 싶은가?

　　　　　　대한민국은 북한보다 50배 이상의 국방비
를 사용하고 미국을 동맹으로 확보한 나라다. 그런데 왜 세계적
으로 더 정통하고 정당한 국가의 지위를 버리고 한순간에 북한
과 같은 '불량국가'로 추락해야 하는지 대통령은 국민부터 우선
설득해야 할 것이다.

　그러고 나서 대한민국 대통령은 한미동맹을 파기할 수 있는
결단과 국가적 단호함을 보여 줘야 한다. 미국은 우리의 핵무장
을 철저히 반대한다. 미국은 우리와의 군사동맹과 한미자유무역
협정을 포함한 모든 협력을 종료하거나 중단하겠다고 압박할 것
이다. 미국 의회는 대한민국을 제재하는 법안을 입안해 통과시

키려 할 것이다. 우리가 알고 있는 한미관계는 종말을 고하게 된다. 대통령은 미국에 맡겨 놓은 전시작전통제권도 즉시 환수해야 한다. 자위적 차원의 핵무장은 우리의 핵무기를 우리가 사용할 수 있는 권한이 있어야 완성되기 때문이다.

또한 확장억제력을 제공하는 미국이라는 동맹보다 자위적 핵무장이 왜 국익에 더 도움이 되는지에 관한 근거를 제시해야 한다. 자체 핵무장의 핵심에는 사실상 '미국을 못 믿겠다.'라는 정서가 작용한다. '북한이 핵으로 우리를 공격할 때, 미국이 북한에 핵으로 대응할까?'라는 근본적 의구심을 채우기 위해 자체 핵무장 방안을 꺼낸 것이다. 물론 동맹을 맹신해서는 안 되겠지만, 왜 미국의 확장억제력을 신뢰하지 못하는지에 관한 구체적인 설명은 필요하다.

미국은 우리가 핵을 독자 개발하고자 한다면, 핵우산nuclear umbrella, 비핵보유국이 자국의 안보와 방위를 위해 핵보유국의 방위 전력에 의존하는 것을 즉시 철회할 것이다. 핵우산이 없는 대한민국이 핵을 보유한 북한과 마주하게 된다는 뜻이다. 대한민국 안보는 최악의 상황을 맞이하게 된다. 핵개발론자들은 미국이 핵우산을 걷어가는 순간부터 우리가 핵개발을 완성할 때까지 북한이 우리를 공격하지 않는다는 확신을 국민에게 줘야 한다. 이미 한미동맹이 사라진 마당인데, 남한이 핵무기를 개발하기 전에 북한이 선제적으로 공격하지 않으리라고 누가 장담할 수 있겠는가? 과연 안보 공백을 채울 대비책이 있다고 설득할 수 있을까?

여러 우여곡절 끝에 핵을 개발했다고 치자. 그런데 핵무기는 얼마나 필요할까? 열 개 미만? 백 개? 핵은 핵으로 대응해야 한다면, 몇 발의 핵이 충분한 양인지 가늠할 수 없다. 게다가 우리가 핵개발을 한다고 하면, 북한에서도 가만히 있지 않을 것이다. 더 많은 핵무기를 개발할 것이다. 이런데도 북한과 핵 경쟁을 감행할 것인가? 미국의 핵우산과 국제사회의 지지와 도움 없이 우리의 핵무기 몇 발만으로는 북한에 대한 핵억지력이 되지 않을 것이 명확하다. 그저 남북이 동시에 핵무기만 보유하고 있을 뿐, 대한민국의 경제와 사회는 각종 국제제재 때문에 어려움을 겪게 될 것이다.

현실적으로 핵개발을 위해서는 군사적 용도로 핵개발을 금지한 핵확산금지조약NPT을 탈퇴해야 한다. 한국이 NPT 체제 역사상 북한 이후 두 번째 탈퇴 국가이자 자유민주국가로서 첫 번째 탈퇴 국가가 되는 것이다. 미국을 비롯한 유엔안보리 상임이사국의 리더십에 타격을 주는 국가가 될 것이며, 전에는 한 번도 겪어보지 못했던 국제사회의 전방위 비난과 마주해야 할 것이다.

특히 우리는 핵무기 비확산체제에 도전한 국가로 북한, 이란과 같은 그룹에 속하게 되어, 사실상 불량국가의 낙인이 찍히게 된다. 더 나아가 국제원자력기구IAEA와 비협조적 관계가 되거나,

심지어 탈퇴하는 사태가 발생할 수도 있다. 이는 곧 현재 북한이 처한 상황과 유사해진다는 뜻이다. 국제사회로부터의 고립은 당연히 예상할 수 있는 부분이다. 결국 대통령은 NPT 탈퇴 이후 국제적 경제제재를 감수할 수 있는 단일화된 국론을 구축해야 한다. 그런데 현재 한국의 대외무역 의존도는 90% 이상이다.

한미원자력협정 또한 파기해야 한다. 이 협정이 한국의 독자적 우라늄 농축과 플루토늄 재처리를 금지하고 있기 때문이다. 한미원자력협정의 틀 안에서 우리는 원자력을 활용한 평화적 전력 생산 분야에서 세계 최고의 위치에 올랐다. 핵무기를 생산하는 대신, 발전용 원자료에 사용할 연료 제조, 원자로 건설과 관리, 전기 생산 등에 우리의 '핵역량'을 집중했기 때문이다. 이는 대단한 성과라 할 수 있지만, 한편으로는 우리에게 농축 시설(원심분리기)과 플루토늄 재처리 시설이 없다는 뜻이기도 하다. 즉, 핵무기를 개발하기 위해서는 무기급 우라늄을 농축하거나 플루토늄을 재처리할 수 있는 핵시설부터 구축해야 한다는 말이다.

이런 상황에서 우리가 핵무기 개발 관련 시설을 건설하려고 하면, 미국은 물론 국제사회는 대한민국에 현재 가동 중인 발전용 원자로 25기에서 사용해야 할 우라늄 공급을 중단할 것이다. 전체 전기 생산량의 31% 이상을 차지하는 국내 25개 핵발전소에 공급할 우라늄을 어디서 구할지에 대한 대처 방안을 구상해야 한다. 이와 동시에 대량 정전 대비책도 마련해야 한다.

고농축우라늄이나 플루토늄 없이는 핵무기를 제조할 수 없다. 우리나라는 현재 핵무기 제조용 플루토늄이나 고농축우라늄을 비축하지 않고 있다. 노무현 정부 당시 대전의 한 연구소에서 과학자들이 우라늄 0.3g을 농축하는 실험을 했다가 국제사회는 물론 미국에서 제재를 가하겠다고 큰 외교적 소동이 난 적이 있다. 당시 정부는 일부 과학자들의 과학적 호기심 때문에 농축 실험을 한 것이지, 정부 정책과는 아무런 상관이 없다고 설명해야 했으며, 그로부터 약 8년간 IAEA로부터 검증을 받아야 했다.

뭐, 이미 핵무기를 만들기로 한 마당에 국제사회의 검증이나 비난이 무슨 걱정거리겠는가. 어쨌든 핵무기를 만들려면 플루토늄을 추출하고 우라늄을 농축할 수 있는 시설을 건설해야만 한다. 물론 이 시설에 들어가야 할 장비들은 이미 국제사회의 제재 품목이 됐을 테니, 국내 기술로 제작해야 할 것이다. 현재 가동 중인 원자로 두어 군데를 중단시키고, 플루토늄을 추출할 수 있게 용도를 변경하는 방법이 가장 현실적이다. 하지만 아무리 빨리 진행한다 해도 고농축우라늄과 플루토늄 추출에는 최소 2년 정도 걸린다. 이와 동시에 가동 중단된 원자로를 대체할 전력 시설을 확보해야 한다. 우라늄 확보가 어려운 만큼 전력 생산은 어려워질 것이며, 주기적 단전 때문에 우리의 삶 또한 힘들어질 것이다. 북한처럼 살 각오를 해야 한다는 의미다.

이 모든 상황을 극복하고 핵무기용 고농축우라늄과 플루토늄을 개발했다 치자. 그다음 단계로 무기화를 진행해야 한다. 핵물질을 탄두화할 수 있게 설계하고 제작해서 실제로 작동, 즉 폭발하는지 실험해야 한다. 그런데 그 핵실험은 어디서 할 수 있을까? 대한민국 어느 지역 주민들이 자기 동네에 핵실험장이 들어서는 일을 환영할까? 우리나라는 1978년 고리 1호기 상업운전을 시작한 이래 방사능 폐기장 부지 선정을 9차례나 시도했으나 지역 주민들의 반발로 번번이 실패했다. 노무현 정부가 '중·저준위 방폐장 유치지역 지원에 관한 특별법'을 제정해 주민투표를 거쳐 중·저준위 방폐장 부지를 선정한 정도가 전부다.

한반도 주변 바다에서 핵실험을 감행한다면, 동해를 공유하는 러시아와 일본, 서해 쪽의 중국이 강력히 반대할 것이다. 물론 이 정도 핵개발 단계까지 갔을 때라면 우리는 이미 북한처럼 매우 고립되고 강력한 제재를 받는 국가가 되어 있을 테니, 지역 주민들과 주변국들의 반대가 큰 변수로 작용하지 않을지도 모르겠다.

박근혜 정부 시기에 "통일은 대박"이라고 외쳤던 정치인들과 전문가들은 한반도 평화 프로세스가 평화쇼라고 비난했다. 그런 사람들이 핵개발을 해야 한다고 특히 더 목청을 높인다. 일부 국민에게는 사이다 같이 시원한 발언일 수도 있겠다. 소주 한잔하고 얼큰히 취한 마음에 우리의 결기를 소리 높여 보여 주는 발언 정도면 충분할 말들이 아무렇게나 언론에 나온다. 이 시대의 책임 있는 사람들이 핵무장을 거론할 정도로 우리의 대북정책이 이렇게 막장으로 변질되어도 좋은가? 보수 진영의 정부가 들어설 때마다 이리로 쏠렸다 저리로 쏠리는 모습이 과연 건강한 현상인지 궁금하다.

초현실적 핵무장론이 북핵 문제를 해결할 수 있다면 얼마나 좋을까? 하지만 현실은 그렇지 않다. 게다가 우리에게는 한미동맹이 있을 뿐만 아니라, 국제사회에서 존경받는 매우 정당한 국제적 지위도 있다. 민주국가로서 국제법을 준수하고 국제기구에서 매우 역동적으로 활동하는 정통 선도국가다. 차라리 북한의 평화적 비핵화 방안을 고민하는 데 정책적 상상력을 집중하는 것이 더 현실적이지 않을까?

핵은 핵으로 대응해야 한다는 주장은 북한의 사고방식이다. 재래식 군사력과 국력이 우리보다 뒤처진 북한은 공산권이 몰락하고 나자 핵무기 개발을 시작했다. 그러면서 미국의 핵을 억지할 수 있는 자체 핵이 필요하다는 논리를 내세웠다.

핵을 개발하자는 사람들은 대개 한반도 평화 프로세스에 가장 비판적인 사람들이다. 이들은 우리 정부가 북한에 끌려 다녔다고 말하곤 한다. 그런데 그런 비판적 시각을 지닌 사람들이 결국 한다는 생각이 북한의 사고방식과 똑같다는 점은 참으로 아이러니하다. 북한의 핵을 우리가 만든 핵으로 대응하겠다는 말은 북한의 생각이 정확했음을 우리가 증명해 주는 꼴이나 다름없다.

북한의 핵개발에 더 강력한 정당성을 부과하는 동시에, 우리가 지켜 온 국제사회의 정통성을 모두 버리는 일이다. 우리의 경제 발전과 문화적 다양성, 그리고 민주주의를 모두 배신하는 무책임한 발상이다.

02

평양 능라도경기장

백화원 초대소
새벽 3시

9월 19일 새벽 3시 백화원 초대소. 나는 침대에 누워 있었지만, 천장만 쳐다보고 있었다. 잠을 잘 수가 없었다. 날이 밝으면 두 정상은 정상회담 후에 평양공동선언에 서명할 것이다. 그리고 양측 국방장관들은 남북군사합의에 서명할 것이다. 피곤함보다 묵직함이 내 머리를 누르고 있었다.

갑자기 전화벨이 울렸다. 이 시간에?

"비서관님, 오셔야 할 것 같습니다. 군사합의서를 가지고 오시랍니다."

회담본부였다. '무슨 일이지? 뭐가 잘못됐나?'라고 생각하며 서류 가방을 들고 회담본부가 있는 건물로 들어갔다. 야근 중인 행정관들이 저 방으로 가라며 손으로 가리켰다. 문을 열고 들어가니, 신동호 연설비서관이 연설문을 가다듬고 있었다. 새벽 3시가 넘어가고 있었다.

평화의 힘

"형, 왜 이 시간까지⋯."

"대통령님도 아직 안 주무셔. 연설문을 다듬으신다. 군사합의서 좀 보자."

신동호 연설비서관의 목소리는 깊게 가라앉아 있었다. 나는 말없이 가방에서 군사합의서 사본을 꺼내 그에게 보여 줬다. 그는 한 페이지씩 넘기며 찬찬히 살펴봤다. 우리는 그렇게 9월 19일 새벽을 보냈다.

임종석 비서실장은 자신이 대통령이 된 것처럼 빙의해 3일간 연설문 초안을 작성한 뒤 대통령께 드렸다. 연설문의 시작을 어떻게 해야 할지 고심했다고 한다. 신동호 연설비서관은 북한 인민들에게 그동안 고생 많았다는 메시지를 전달하고 싶었다고 했다. 나는 대통령 연설에 전쟁과 평화에 관한 메시지가 담기길 바랐다. 그 새벽에 대통령이 어떤 문장을 삭제하고 더하고 수정했는지는 알 수 없다. 그러나 새벽까지 연설문을 다듬고 군사합의서를 다시 보자고 했던 것은 그만큼 이 연설에 온 힘을 기울였다는 뜻이다.

문재인 대통령은 늘 그랬다. 정치인은 글과 말에 최선을 다해야 한다고 참모들에게 강조했다. 그의 말과 글은 늘 형용사와 부사 없이 명사 위주의 단문이었다. 대통령의 표현은 담백해야 한다고 믿는 그는 새벽까지 무엇을 고민했을까?

참으로 반갑습니다

문재인 대통령은 분단 이후 최초로 평양 능라도경기장에서 평양 시민들에게 직접 연설했다. 나는 그 현장에 있었다. 주석단 오른편 뒤 관중석에 앉아 문재인 대통령과 김정은 위원장이 주석단으로 들어오는 장면을 봤다. 김종천 의전비서관은 김여정 부부장과 함께 두 정상이 화동에게 받은 꽃다발을 건네받았다. 김 의전비서관은 두 정상이 들어오는 순간 빛과 함성이 쏟아졌다고 회고했다. 평양 시민들은 모두 일어나 만세를 외쳤다. 15만 관중의 만세 소리는 컸다. 천둥같이 우렁찬 평양 시민들의 함성 소리에 귀를 두 손으로 가려야 했다.

대한민국 대통령이 연설하려는 순간, 그 찰나의 순간에 능라도경기장은 갑자기 조용해졌다. 천둥 같던 함성이 침묵으로 변하는 과정은 매우 날카로웠다. 침묵이 소음을 빨아들이는 듯했다. 평양의 15만 관중이 한순간 입을 다물고 숨을 죽이며 대한민국 대통령의 연설을 듣고자 했던 그 순간의 침묵은 마치 평양 능라도경기장이 진공 상태가 되어 버린 듯했다.

평양 시민 여러분. 북녘 동포 형제 여러분. 평양에서 여러분을 이렇게 만나게 되어 참으로 반갑습니다. 남쪽 대통령으로서 김정은 국무위원장의 소개로 여러분에게 인사말을 하게 되니 그 감격을 말로 표현할 수 없습니다.

대통령이 평양 시민들과 북한 주민들에게 전한 첫인사는 "참으로 반갑습니다."였다. "참으로 반갑다. 그리고 그 감격을 말로 표현할 수 없다."라는 표현은 대통령의 진심이었다. 그동안 써 왔던 대통령의 담백한 언어에다 '참으로'라는 부사를 더해 자신의 감정을 솔직히 나타냈다. 평양 시민들은 오로지 대한민국 대통령만 쳐다보고 있었다. 대통령은 차분하게, 그러나 힘줘서 연설을 이어갔다.

여러분, 우리는 이렇게 함께 새로운 시대를 만들고 있습니다. 동포 여러분, 김정은 위원장과 나는 지난 4월 27일 판문점에서 만나 뜨겁게 포옹했습니다. 우리 두 정상은 한반도에서 더 이상 전쟁은 없을 것이며 새로운 평화의 시대가 열렸음을 8천만 우리 겨레와 세계에 엄숙히 천명했습니다. 또한 우리 민족의 운명은 우리 스스로 결정한다는 민족 자주의 원칙을 확인했습니다. 남북관계를 전면적이고 획기적으로 발전시켜 끊어진 민족의 혈맥을 잇고 공동 번영과 자주 통일의 미래를 앞당기자고 굳게 약속했습니다. 그리고 올해 가을, 이렇게 평양을 방문하기로 했습니다.

대통령은 먼저 자신이 그 자리에 서 있게 된 배경을 설명했다. 4월 27일 판문점선언에서 "한반도에서 더 이상 전쟁은 없을 것"이라 합의했고, "우리 민족의 운명은 우리 스스로 결정한다."라는 원칙을 지키면서, 남북관계를 발전시켜 "민족의 혈맥을 잇고 공동 번영과 자주 통일의 미래를 앞당기자."라고 김정은 위원장과 약속했으며, 이에 따라 평양에 왔다고 평양 시민들에게 차근차근 설명했다. 북한도 중요하게 생각하는 4·27 판문점선언에 대한 자신의 해석을 내놓으면서 남측도 이를 매우 중요하게 여기고 있음을 보여 줬다.

평양 시민 여러분, 사랑하는 동포 여러분. 오늘 김정은 위원장과 나는 한반도에서 전쟁의 공포와 무력 충돌의 위험을 완전히 제거하기 위한 조치들에 구체적으로 합의했습니다. 또한 백두에서 한라까지, 아름다운 우리 강산을 영구히 핵무기와 핵위협이 없는 평화의 터전으로 만들어 후손들에게 물려 주자고 확약했습니다. 그리고 더 늦기 전에 이산가족의 고통을 근원적으로 해소하기 위한 조치들을 신속히 취하기로 했습니다. 나는 나와 함께 이 담대한 여정을 결단하고 민족의 새로운 미래를 향해 뚜벅뚜벅 걷고 있는 여러분의 지도자 김정은 국무위원장께 아낌없는 찬사와 박수를 보냅니다.

대통령은 또한 평양에서 합의한 9·19 공동선언을 평양 시민들과 북한 주민들에게 직접 설명했다. 9·19 평양공동선언을 "전쟁의 공포와 무력 충돌의 위협을 완전히 제거"하기 위한 구체적 조치라고 말하며, "우리 강산을 영구히 핵무기와 핵위협이 없는 평화의 터전"으로 만들자는 합의도 있었다고 밝혔다. 사실 능라도 경기장에 '동원'된 평양 시민들은 9·19 평양공동선언의 내용을 잘 몰랐을 것이다. 남측의 우리 국민들은 실시간 보도를 접하면서 합의 내용을 잘 알고 있었지만, 북측은 그렇지 못했기 때문이다.

앞으로의 남북 교류와 협력을 담대한 여정으로 규정하고 이를 결단하고 합의해 준 김정은 위원장을 치하한 문구 또한 의미가 있었다. 즉, 김정은 위원장은 남측 대통령의 파트너이며, 한반도의 평화를 함께 만들 장본인이라고 북한 주민들에게 직접 각인시킨 것이다. 나는 평양 시민들이 온힘을 기울여 대한민국 대통령의 연설을 경청하는 모습을 지켜봤다. 작은 움직임도 없었다. 15만 평양 시민은 모두 침묵한 채로 문 대통령만 바라봤다.

평양 시민 여러분, 동포 여러분. 이번 방문에서 나는 평양의 놀라운 발전상을 보았습니다. 김 위원장과 북녘 동포들이 어떤 나라를 만들어 나가고자 하는지 가슴 뜨겁게 보았습니다. 얼마나 민족의 화해와 평화를 갈망하고 있는지 절실하게 확인했습니다. 어려운 시절에도 민족의 자존심을 지키며 끝끝내 스스로 일어서고자 하는 불굴의 용기를 보았습니다.

대통령은 이번 평양 방문에 대한 소회도 내놓았다. 평양 시민들을 상대로 하는 연설에서 평양시의 모습을 '놀라운 발전상'이라고 평가했다. 대통령은 북한이 어떤 나라를 만들려고 하는지 확실히 알겠다며, 그들이 만들고자 하는 나라는 민족의 화해와 평화의 토대 위에서만 만들 수 있다고 말했다. 대통령의 연설은 이 부분에서 평양 시민들의 마음에 더욱 다가가려 했다. 평양 시민들이 얼마나 평화와 화해를 갈망하는지 알겠다는 표현은 북한 주민들이 갖고 있는 외부에 대한 위협 인식을 위로하려는 뜻이기도 했다.

그리고 "어려운 시절"을 언급했다. 이는 북한이 겪었던 '고난의 행군' 시기를 의미한다. 경제적 어려움과 식량난을 극복해야 했던 북한 주민들을 위로하려는 의도였다. 그리고 그 시기 동안 "자존심"을 지키며 "불굴의 용기"로 극복했음을 치하했다. 이 문장에 얼마나 많은 시간을 들였는지 알고 있기에, 여기에 사용한 여러 표현이 북한 주민들의 마음속에 속속들이 박혔으리라고 믿어 의심치 않는다. 힘든 시절을 보내고 남한의 손님들을 맞이한 이들로서 자신의 고생을 알아주는 남한의 대통령이 얼마나 고마웠을까.

나는 이때 주석단 앞에 서 있는 평양 시민들의 표정을 유심히 보고 있었다. 많은 시민이 눈물을 훔치고 있었다. 그렁그렁 눈물이 밴 눈가에 잔뜩 힘이 들어가 있었다. 주석단 앞에 선택되어 배치됐을 당성 높은 평양 시민들은 대한민국 대통령의 연설에 눈물로 화답하고 있었다.

　평양 시민 여러분, 동포 여러분. 우리 민족은 우수합니다. 우리 민족은 강인합니다. 우리 민족은 평화를 사랑합니다. 그리고 우리 민족은 함께 살아야 합니다. 우리는 5천 년을 함께 살고 70년을 헤어져 살았습니다. 나는 오늘 이 자리에서 지난 70년 적대를 완전히 청산하고 다시 하나가 되기 위한 평화의 큰 걸음을 내딛자고 제안합니다. 김정은 위원장과 나는 북과 남, 8천만 겨레의 손을 굳게 잡고 새로운 조국을 만들어 나갈 것입니다. 우리 함께 새로운 미래로 나아갑시다.

　오늘 많은 평양 시민, 청년, 학생, 어린이들이 대집단체조로 나와 우리 대표단을 뜨겁게 환영해 주신 데 대해서도 다시 한번 감사드립니다. 수고하셨습니다.

　대통령은 막바지에 "우리 민족"을 거론했다. 평양의 시민들뿐만이 아니라 한반도에 거주하는 우리 민족 모두에게 보내는 메시지였다. 우수하고 강인하며 평화를 사랑하는 우리 민족은 5천 년을 함께 살았지만, 지난 70년을 떨어져 살았다고 언급했다. 오늘의 분단이 한민족의 긴 역사에서는 매우 짧은 기간이며, 자연스럽지 않다고 규정했다. 5천 년 중 70년은 긴 시간이 아니라는 뜻이었다. 이어서 적대적 분단을 청산하고 다시 하나가 되기 위해 오늘부터 함께 나가자며 호소했다. 이것이 새로운 미래이며, 새로운 조국이 될 것이라는 결론을 내렸다.

연설이 끝나고 잠시 정적이 흐르더니 평양 시민들은 크게 박수 치며 함성을 질렀다. 모두 가슴이 벅찼다. 이 초현실적 상황이 믿겨지지 않았다.

벌써 4년이 넘는 시간이 흘렀다. 그리고 더 많은 시간이 지나갈 것이다. 2018년 9월 19일 평양 능라도경기장에서 대한민국 대통령이 북한 주민들을 상대로 직접 대중연설을 했다는 사실, 이 990자의 연설을 위해 대통령과 그의 참모들이 많은 밤과 시간을 보내며 고심에 고심을 더했다는 사실, 평양 주민들은 눈물로 남한 대통령의 연설에 화답했다는 사실, 그리고 어떻게든 한반도에 평화를 만들고자 했던 대통령의 작심을 역사가 올바르게 평가해 주길 바란다.

역사에는
꿈이 담겨야 한다

프랑스 사상가 레지 드브레는 역사에는 그 시대의 발명이나 발견, 사건의 기술뿐만 아니라 그 시대가 꿈꿨던 유토피아, 비전, 그리고 꿈과 함께 기록되어야 한다고 주장한다. 현실이란 실제 발생한 사건뿐만 아니라, 그 시대를 살았던 사람들이 이루고자 했던 꿈과 함께 구성되어야 한다. 분단을 극

평화의 힘

복하는 공존, 핵과 핵위협이 없는 한반도 비핵화, 군사적 충돌을 막아 낸 남북군사합의, 남북한이 서로 도움을 주고받는 신경제구상, 이 모두가 우리가 이루고자 했던 꿈이었다. 이 꿈은 문재인 정부 5년의 역사이기도 하지만, 앞으로의 역사가 되기를 바라는 마음도 있다.

2018년 9월 19일 평양 백화원 초대소에서 11시 40분부터 문재인 대통령과 김정은 위원장은 약 10분간 '9·19 평양공동선언'을 함께 발표했다. 김 위원장은 "선언은 길지 않아도 여기에는 새로운 희망으로 높뛰는 민족의 숨결이 있고, 강렬한 통일 의지로 불타는 겨레의 넋이 있으며 머지않아 현실로 펼쳐질 우리 모두의 꿈이 담겨져 있습니다."라고 차분히 자신의 소회를 밝혔다. 평양공동선언에 '꿈'을 담았다는 내용이 인상적이었다. 그리고 "우리의 앞길에는 탄탄대로만 있지 않을 것입니다. 하지만 우리는 그 어떤 역풍도 두렵지 않습니다. 평화와 번영으로 가는 성스러운 여정에 언제나 지금처럼 두 손을 굳게 잡고 앞장서서 함께해 나갈 것입니다."라고 발언을 끝냈다.

지금 우리는 안다. 한반도 비핵화의 여정은 사실상 하노이에서 멈췄고, 코로나19를 만나면서 어려움을 극복하지 못했음을 말이다. 탄탄대로는 없었고, 역풍은 안팎으로 거셌다. 북한이 평화와 번영으로 가는 '성스러운 여정'에 얼마나 끈기를 가지고 뚜벅뚜벅 걷고자 했는지도 역사적 평가의 대상이다.

문재인 대통령은 평양공동선언 서명식에서 "한반도를 항구적 평화지대로 만들어감으로써 우리는 이제 우리의 삶을 정상으로 돌려놓을 수 있게 됐습니다. 그동안 전쟁의 위협과 이념의 대결이 만들어 온 특권과 부패, 반인권에서 벗어나 우리 사회를 온전히 국민의 나라로 복원할 수 있게 됐습니다."라며 그의 꿈을 더욱 힘줘서 발표했다. 적대적 분단과 전쟁의 공포가 만들어 낸 한반도의 비정상을 척결하고 온전한 일상이 보장되는 국민의 나라를 만들고 싶었던 문 대통령과 우리 모두의 꿈도 마찬가지로 역사다.

2023년 6월. 정전체제를 종식하는 평화체제와 한반도의 비핵화는 너무도 먼 길처럼 보인다. 우리는 다시 적대적 분단으로 돌아왔다. 그러나 100여 년 전 3·1 기미독립선언문에서, 안중근 열사의 동양평화론에서, 김구 선생이 꿈꿨던 나라에서, 지금과도 비교가 안 될 정도로 어려웠던 당시의 꿈들은 중요한 역사로 남아 있다. 그리고 능라도경기장에 있었던 15만 평양 시민들에게도 문재인 대통령의 연설이 지워지지 않을 역사로 남겨지기를 바란다. 〈한겨레신문〉의 이제훈 기자는 2023년 1월 10일 자 칼럼에서 한반도 평화 프로세스의 의미를 다음과 같이 부여했다.

절망과 좌절은 식민과 전쟁과 분단과 냉전의 잔혹한 세월을 뚫고 황무지에 '평화 번영'의 꽃을 피우려 애써 온 한반도 남과 북

8,000만 시민·인민의 선택지가 될 수 없음을. 2018년 9월 정상회담 때 문 대통령과 김 위원장을 대리인으로 내세워 평양 능라도 5·1경기장과 백두산 천지에 새겨놓은 "핵무기와 핵위협이 없는 평화의 터전"이라는 한반도 미래상을 포기할 수 없음을. 적대의 과거에 사로잡힌 오늘이 아닌 평화 번영의 미래를 앞당기는 오늘을, 절망을 이기는 희망으로 성실하게 살아내야 한다는 것을.

문재인 정부 5년 동안의 꿈뿐만 아니라, 앞으로 100년간의 꿈을 어떻게 꿨는지 기억하는 것은 시대의 책무다. 100년 후 우리 자손들이 우리의 오늘을 뒤돌아 볼 때, 특히 문재인 정부를 평가할 때, 전쟁의 위기, 한중관계 경색, 한일관계의 어려움, 트럼프 행정부의 일방주의, 미중 패권 경쟁, 코로나19 속에서도 한반도의 평화라는 꿈을 포기하지 않은 문재인 정부와 오늘날의 우리를 기억해 주길 바란다. 100년 전 선조들이 그 어려웠던 시절에도 인류 평등과 사해동포주의四海同胞主義, 인류 전체를 하나의 공동체로 보는 입장를 이야기했던 것처럼, 한반도의 분단 역사를 극복하고자 꿈꿨던 우리를 기억해 주기를 바랄 뿐이다.

우리는 한반도를 핵무기와 핵위협이 없는 평화의 터전으로 만들기 위한 꿈을 포기해서도 잊어서도 안 된다. 이제훈 기자의 바람처럼 "한반도가 전쟁의 위기에 휩싸여 두려움이 싹틀 때, 한반도의 남과 북에서 벌어지는 이해할 수 없는 말과 행동과 사건으로 '적개심'이 스멀스멀 자랄 때"마다 대한민국 대통령이 가을의 평양 밤에 조선민주주의인민공화국 국무위원장이 지켜보는 가운데 15만 평양 시민을 상대로 했던 평양 능라도경기장 연설을 찾아보면 좋겠다. 평화를 만들고자 했던 문재인 대통령이 외쳤던 990자로 함축된 한반도 평화의 꿈을 역사가 기록하길 바란다.

03 진짜 안보, 가짜 안보

정권 유지를 위한
색깔론

진보든 보수든 각자의 언어와 방식으로 개혁을 외치고 추진한다. 일자리 확충, 성장 동력 복원, 고용불안 해소, 청년실업 해결, 가계부채 개선, 최저임금 향상, 여성 경력 단절 해결, 인구절벽 극복, 노후불안 해소, 안전사회 구축, 사회 양극화 개선, 사회복지 확대, 의료보험 향상, 소상공인 보호, 입시제도 개선 등등. 이런 이슈들은 국민의 일상 및 삶의 질 향상과 밀접하다. 권력기관 개혁, 공영방송 개혁, 재벌체제 개혁, 지방분권화, 경제민주화, 권력 적폐 청산 등도 정의로운 사회를 만들기 위해 반드시 짚고 넘어가야 할 사회 현안들이다.

그렇기 때문에 국민의 투표로 당선되는 대통령에게는 많은 것이 요구된다. 헌법 수호 의지, 민주주의 신념, 시장경제 신봉, 사회복지 의지, 법 질서 존중, 청렴성, 안보관 등이다. 특히 나는 대통령에게 투철한 평화관이 있어야 한다고 생각한다. 평화가 전부는 아니지만, 평화 없이는 아무것도 이룰 수 없다는 상식적 생각 말이다. 그리고 이 모두는 오로지 국민의 온전한 일상과 삶의 질을 향상해야 한다는 사명감과 이를 실현할 세밀한 프로그램으로 나타나야 한다.

1992년 14대 대통령 선거 당시 민주당 김대중 후보는 민자당 김영삼 후보와 맞붙었다. 당시 여당이었던 민자당은 김대중 후보가 '빨갱이'라고 맹공을 펼쳤다. 민주당은 "아무리 패색이 짙다고 해도 '30년 민주동지'라던 사람을 용공으로 몰 수 있습니까?"라는 문구가 담긴 공보물을 배포했다. 거대 여당의 '용공론'에 대응하기 위해 김대중 후보는 '이기는 반공'을 내세웠다. '진정한 국방은 완전한 자유와 사회복지를 실현해 공산당이 감히 야욕을 가질 수 없는 이기는 반공'이고, 이를 실현할 후보가 김대중이라며, "용공 조작이 없는 세상, 이기는 반공을 위해 이번에는 바꿉시다."라고 지지를 호소했다. 하지만 빨갱이라는 그 강력한 단어 앞에 진정한 국방과 완전한 자유, 복지, 평화는 맥을 못 췄다.

굳이 옛 이야기를 언급하는 이유는 아무리 민주화 운동을 오래 함께한 동지였어도 대통령 선거에서 이기기 위해 상대에게 빨갱이라는 낙인을 찍어야 할 만큼, 적대적 분단이 우리 정치에 깊숙이 들어와 있기 때문이다. 지금도 마찬가지다. 빨갱이와 주적 개념 등을 사상 검증의 잣대로 삼아 국민을 혼동시키는 나쁜 세력이 늘 등장하곤 한다. 북한에 판문점에서 남쪽으로 총을 쏴 달라고 했던 세력, 남북정상회담 대화록을 불법 열람하고 서해 북방한계선을 포기했다는 거짓을 말한 세력, 인터넷 사이트에 거짓 댓글과 가짜 뉴스로 상대방 후보를 종북 빨갱이라고 공작 했던 세력, 간첩단 사건을 조작하는 세력, 대남도발설과 정부 주 요 인사 테러설을 생산하는 세력, 촛불집회 시민들을 북한의 사 주를 받은 용공분자라고 가짜 뉴스를 설파하는 세력은 늘 존재 했다. 이들은 평화가 필요하고 함께 평화를 만들자고 주장하는 후보를 '빨갱이'로 몰아세우는 구태의연한 공세를 통해 국민을 겁에 질리게 한 후, 오로지 자신들만이 대한민국의 안보 세력이 라고 떠든다.

그러나 이런 세력은 북핵 문제가 악화하는 데 대한 어떤 처방 도 내리지 못했다. 국방력 강화는 고사하고 동맹 강화라는 미명 아래 전시작전통제권 환수를 반대하기도 했다. 이들에게는 대한 민국의 적대적 분단을 해결하기 위한 새로운 아이디어가 없다. 오로지 상대방을 빨갱이라고 외쳐 댄다. 이들은 가짜 안보 세력 이다. 가짜 안보 세력에는 국가안보로 포장된 정권안보, 자기 기 득권을 지키기 위한 가짜 안보만이 중요할 뿐이다. 오로지 정권 유지가 지상과제인 정치집단은 일부 언론 권력과 결탁해 강력한 색깔론 프레임을 구축했고 국민을 겁박했다. 색깔론은 보수 진 영의 무능력과 부정부패를 덮을 수 있는 편리한 방어망이었다.

진짜 안보와
평화 대통령

색깔론 저편에는 미국과 중국의 틈바구니 속에서 한국의 국익이 무엇이어야 하는가라는 절실한 고민과 한반도 평화와 성장의 로드맵이 무엇이어야 하는가라는 질문이 있다. 북한의 평화적 비핵화, 한반도의 평화체제 구축, 대한민국의 안전을 실현할 당당한 협력외교, 한반도에서 전쟁은 결코 허락할 수 없다는 결연한 국방 의지, 이 피곤한 적대적 분단을 해소하기 위한 진지한 고민이 진짜 안보다. 진짜 안보는 평화가 비핵화를 촉진하고 번영을 성취하게 한다고 믿는다.

대한민국 대통령에게는 진짜 안보관이 필요하다. 도발하는 북한을 엄벌하겠다는 결연한 자세뿐만 아니라 대화의 끈을 놓지 않는 유연성, 한미동맹을 상호 호혜적으로 조정하려는 의지, 북한의 평화적 비핵화를 실현할 수 있는 로드맵, 한반도에 평화체제를 정착하려는 평화 비전, 대륙의 북방경제를 활용할 수 있는 담대한 상상력, 대한민국의 평화는 대한민국이 책임진다는 책임감 등이 있어야 한다. 이를 토대로 적극적 평화를 구현하겠다는 안보관이 진짜 안보관이다.

남북관계에서 대통령의 화법은 매우 신중해야 한다고 생각한다. 선제타격, 확전, 전쟁불사 등과 같은 표현은 듣는 순간 속이 시원할 수 있지만, 국가지도자가 사용할 만한 적절한 표현은 아

평화의 힘

니다. 국방부 장관이나 합참의장 혹은 군 지휘관들이라면 장병들의 사기를 올리기 위해 일부러 강하게 발언할 수도 있다. 하지만 북한을 억제의 대상으로 보는 한편, 대화의 상대로도 봐야 하는 대통령의 자리에서 이런 강성 표현은 부적절하다.

기본적으로 남북관계를 복원해야 한다는 입장이라면, 대통령의 말 한마디가 긴장을 더 고조시킬 수도 있고, 이와 반대로 대화를 촉진할 수도 있음을 알아야 한다. 그 상대가 대한민국 대통령의 언어를 유심히 관찰하고 있는 북한이라는 점을 고려한다면 더 신중해야 한다. 신뢰 축적의 상대를 적으로 규정해 버리면 적대 상태를 해소하기 위한 노력과 과정에 장애물이 될 수 있다. 실질적으로 대북 방위 태세를 굳건히 하는 일은 이와 별개로 그대로 진행하면 된다.

대한민국 대통령은 북한 인민군과 대척하고 있는 분단의 배타적 현실과 군사적 신뢰를 구축해 한반도에서 전쟁 가능성을 함께 낮춰야 하는 대화와 협상의 상대라는 또 다른 현실을 함께 직시할 필요가 있다. 한반도의 평화를 지향해야 한다는 헌법적 가치를 고려하면, 대통령은 남북 간의 이중적 특수성에 대해 더더욱 깊은 성찰이 필요한 자리다. 따라서 이중적 특수관계의 한 축인 북을 적으로 명시하는 판단이 합당한지에 대해 의문을 가질 필요가 있다. 북한 역시 남측을 적으로 규정하는 것 자체가 모순임을 알아야 한다.

그렇다. 이는 결국 정치적 판단의 문제다. 하지만 한반도의 비핵화와 평화체제 구축 그리고 남북관계 개선은 상호 간의 관점이 좁혀지는 과정이다. 북을 어떻게 바라보고 표현할지에 대한 문제와 대한민국의 안보를 위해 대비하는 자세, 한반도의 평화를 구현하는 실질적 방향 등을 고려할 때, 나는 대통령에게 더 전향적인 태도가 필요하다고 생각한다. 북한을 적으로 규정해야 안보의식이 생길 만큼 우리 체제가 허약하지 않다는 자신감이 필요하다.

우리에게 필요한 평화 대통령은 한반도에서 전쟁은 절대 허락하지 않겠다는 안보관을 지닌 대통령이다. 우리의 군을 싸울 수 있고 이길 수 있는 군으로 만들어 북한이 만만히 볼 수 없게 하는 당당한 대통령이어야 한다. 한반도의 안보 불안이 미국과 중국의 전략적 이익을 침해한다고 말할 수 있는 대통령이 필요하다. 북한의 비핵화와 한반도의 평화가 대한민국의 첫 번째 국익이라고 믿는 대통령이어야 한다. 한반도의 운명을 강대국에만 맡기지 않고 한미동맹과 한중공조를 바탕으로 우리가 주도하는 시대를 열 줄 아는 대통령이 필요한 때다. 오로지 국민이 온전한 일상 속에서 번영과 성장을 실현하는 국민성장시대를 열 수 있는 대통령이어야 한다. 대한민국과 북한이 함께 성장하는 시대를 열어 남북 간의 적대적 관계를 종식할 수 있는 대통령, 그런 사람이 바로 평화 대통령이다.

2019년 1월 23일 문재인 대통령은 2년 연속으로 〈포린 폴리시 Foreign Policy〉가 선정하는 '세계의 사상가 독자 선정 10인' 부문에 이름을 올렸다. 〈포린 폴리시〉는 "반복적으로 어려움과 교착 상태에 직면했지만, 문 대통령은 불굴의 의지로 협상을 밀고 나가서 한반도가 평화의 새 시대로 나아가게 하는 데 기여했다."라고 선정 이유를 밝혔다.

04

평화를 위한 대화와 협상

진정성과 의도, 그리고 대화

　　박근혜 정부 시절인 2014년 10월, 북한은 남측의 시민사회단체가 날려 보낸 대북 전단용 풍선에 고사총을 쐈고, 양측은 우여곡절 끝에 회담을 진행하기로 했다. 이때 〈조선일보〉 10월 16일 자 사설 "천안함 도발 주역 내보낸 북과 대화해야 하는 현실"에서 다음과 같이 정부에 조언했다.

　　북측 수석대표는 김영철 국방위 정찰총국장이다. (중략) 우리 입장에서 그는 전범이다. 그런 인물까지 상대해야 하는 것이 남북회담의 어려움이고 현실이다. (중략) 이런 북한과 마주 앉아 합의를 일궈내는 것은 엄청난 인내를 필요로 한다. 그렇다고 북한과의 대화를 피할 이유도 없다. 긴 호흡으로 남북대화를 이어갈 원칙과 분명한 방향 설정이 중요하다.

〈조선일보〉가 박근혜 정부 시절 남북대화에서 인내와 대화의 당위성을 강조했다는 점이 눈에 띈다. 특히 "북한과 마주 앉아 합의를 일궈내는 것은 엄청난 인내를 필요로 한다."라는 문장에 동의할 수밖에 없다. 북한과 인내를 갖고 길게 대화하려는 자세가 바로 문재인 정부를 비롯한 소위 대북대화론자들이 취했던 태도이기도 하기 때문이다.

지금까지 남북정상회담은 총 5차례 있었다. 김대중, 노무현 정부 기간에 각 1차례씩 열렸으며, 문재인 정부 기간에는 3차례 개최했다. 그중 합의문을 도출한 회담은 4회다. 김대중 정부의 6·15 공동선언, 노무현 정부의 10·4 선언, 문재인 정부의 4·27 판문점선언과 9·19 평양공동선언이 있다. 6·15 공동선언과 10·4 선언은 사전에 합의 내용을 양측 실무진이 긴밀히 조율하지 못했기에, 남북 정상 간 합의를 통해 현장에서 합의문을 발표했다.

또한 정상 간 합의는 큰 맥락을 짚어주는 선이어서 그 이후 실무회담을 통해 합의사항을 이행하기도 했다. 6·15 공동선언과 10·4 선언의 협의 과정에서 알 수 있었던 점은 북한과 협의는 최고지도자가 직접 결단을 내려야 기대 이상의 좋은 결과를 도출할 수 있다는 사실이었다.

문재인 정부 동안에는 기본적으로 양측 고위실무진이 사전 협의를 갖고 남북정상회담을 시작했다. 확정하지 못한 내용에 대해서만 남북 정상 간 최종 합의를 도출했다. 앞서 설명했던 남북

군사합의 당시에는 양측 협상팀이 완전히 합의를 보고, 정상회담에서 이를 재확인했으며, 현장에서 서명식을 했다. 그 밖의 민감한 내용들은 현장에서 양측 정상이 협의를 통해 최종 문구를 합의했다. 평양 백화원 초대소에서 열린 남북정상회담에서 최종 합의문 협상본과 최종본을 수발해야 했던, 그러니까 민감한 내용들이 변경되어 가는 합의문을 볼 수 있었던 비서관의 입장에서 나는 문 대통령과 김 위원장이 얼마나 끈기 있게 대화하고 서로를 설득했는지 알 수 있었다.

많은 사람이 김정은 위원장의 비핵화 의지에 대한 진정성을 의심했다. 물론 2023년의 관점에서 보면, 그의 비핵화 의지는 거짓이었고, 문재인 정부는 속았다고 주장할 수도 있다, 심지어 김 위원장의 가짜 비핵화 의지를 알면서도 평화쇼를 진행했다는 주장도 있다.

진정성sincerity이란 말은 국제정치학이나 외교정책 이론에서 다루지 않는 개념이다. 경제학에서도 연구 주제로 삼지 않는다. 사회과학 중에서 진정성을 언급하는 학문은 아마 심리학 정도일 것이다. 윤리학이나 종교학에서도 개인의 진정성을 분석 개념으로 다룬다. 아무래도 북한과 북한의 최고지도자를 비도덕적이며 반인륜적인 주체로 바라보는 규범적 접근이 이 정치외교적 상황에다 '진정성'이라는 용어를 사용하는 원인이지 않나 생각한다.

그러나 정치학을 포함한 사회과학 일반에서는 의도intention라는 개념을 더 중요한 분석 단위로 다룬다. 특히 행위자의 의도가 이해관계의 구조에 따라 결정된다고 본다. 그런 관점에서 당시 김정은의 비핵화 의도는 명확했다. 물론 "우리가 그의 의도를 신뢰했는가?"라는 질문에 대한 답은 별개다.

남북미 협상이
평화쇼였다고?

김정은 위원장의 의도는 무엇이었을까? 일각에서는 김 위원장이 문재인 대통령과 트럼프 대통령을 속였고, 평화의 쇼를 했다고 주장한다. 그렇다면 김 위원장은 오로지 남한과 전 세계를 속이기 위해 판문점을 두 번이나 넘어 와 대한민국 대통령과 첫 회담을 했고, 미국 대통령을 만나는 모험을 감수했다는 논리가 된다. 또한 김 위원장이 왜 대한민국 대통령에게 아무런 제약 없이 15만 평양 시민에게 연설하게 했는지, 왜 중국 민항기를 임차하는 수모를 감수하면서까지 싱가포르로 날아가 미국 대통령과 회담했는지, 왜 66시간 동안 기차를 타고 하노이까지 가서 영변을 통째로 내놓으려 했는지에 대한 설명이 필요하다. 정말로 김정은 위원장이 우리를 속이려 했다면, 그가 과연 무엇을 얻기 위해서 그랬던 것일까? 그가 무엇을 얻었는지 나는 도무지 모르겠다.

어떤 사람들은 핵무기와 경제 발전을 모두 손에 쥐는 것이 그의 의도라고 주장하기도 한다. 북미 간 협상을 최대한 질질 끌면서 제재를 완화하고 핵무기 보유는 기정사실로 하려 했던 것이 김 위원장의 목표라고 추론한다. 그러나 2018년부터 비핵화 의지를 보였던 김 위원장은 당시 30대 후반이었다. 앞으로 최소 30년간 북한을 통치해야 할 북한의 최고지도자인 셈이다. 그렇다면 김정은 위원장이 그리는 미래의 북한이 무엇인지 파악하는 것이 중요하다.

김 위원장이 이미 개발해 둔 핵무기를 보관한 채로 제재 일부를 회피하거나 유예하는 정도의 미래에 만족할 수 있을까? 그리고 그 정도에 만족했을 때 북한이 누릴 수 있는 번영의 수준은 어느 정도일까? 그 수준은 그리 높지 않을 것이다. 김 위원장이 비핵화 의도가 없는데도 여러 위험을 무릅쓰고 수천km를 여행해 트럼프 대통령과 담판을 시도하고 문재인 대통령과 세 번의 정상회담을 가졌다고 보는 시각은 합리적이지 않다고 생각한다. 핵무기만으로 40년, 50년간 북한을 이끌 수 있을까? 김정은 위원장은 이 근본적인 질문을 수도 없이 자신에게 물었을 것이다. 나는 여기에 김 위원장의 이해관계 구조가 숨어 있으며, 그의 의도는 여기서 도출된다고 본다.

핵무기만으로 한 나라를 반세기 이상 통치할 수 없다. 김정은 위원장이 놓인 환경은 김일성이나 김정일 때와는 다르다. 북한의 번영은 핵무기 위력만으로 얻을 수 없다. 빈곤에서 벗어나려면 반드시 지금의 고립에서 벗어나 국제사회와 교류해야 한다. 핵무기를 가진 채 고립에서 벗어날 수 없다는 점도 사실이다. 핵무기를 당장 없애는 모험을 감당할 준비는 되어 있지 않을지 몰라도, 김 위원장이 택할 수 있는 미래는 한정되어 있는 것이 분명하다.

상대에 대한 이해가
중요하다

실제로 김 위원장이 어떤 미래를 택할지 혹은 택했는지는 앞으로 계속 검증해 봐야 할 경험적 질문에 해당한다. 그러나 여기서 문재인 정부가 상대했던 김정은 위원장의 비핵화 진정성에 관한 무의미한 질문을 반복하는 것이 김 위원장의 올바른 선택을 이끌어 내는 데 별 도움이 되지 않는다는 점은 분명하다. 오히려 왜 김 위원장의 비핵화 의지가 사라졌는지, 어떻게 하면 그 의지를 복원해서 그를 대화로 다시 나오게 할 수 있는지가 진짜 필요한 질문이다.

우리가 집중해야 할 부분은 김 위원장이 올바른 선택을 할 수 있도록 이해관계의 구조를 구성하고 유지해 나가는 것이다. 북한에 핵 없는 밝은 미래를 보여 줘야 한다. 이것이 한미의 공동 노력에 중요한 부분이 되어야 할 뿐만 아니라, 우리의 대북정책에도 중요한 근간이 되어야 한다. 그렇게 하기 위해서는 다시 한

빈 대통령의 역할이 중요하다.

한국은 5년마다 정권이 바뀐다. 단임제 대통령이 60개월의 임기를 마치고 나면, 다음 대통령의 철학과 정책 선호도에 따라 대북정책이 변화한다. 미국 역시 짧게는 4년, 길게는 8년에 한 번씩 정권이 바뀐다. 그런데 평양의 김정은 정권은 사실상 임기가 없다. 임기제라는 민주제도 안에서 작동하는 정책과 임기가 없는 정권의 정책은 타임프레임Time Frame 자체가 다르다. 서울과 워싱턴의 정부가 선거를 통해 바뀌면, 즉 여에서 야로 바뀌고 차기 정부가 전 정부의 대북정책을 재평가하고 부정하면, 그간 어렵게 축적해 놓은 남북·북미 간의 신뢰가 사라지게 된다.

협상은 회유나 유화정책이 아니다. 대한민국이 북한보다 더 자신감 있고 용기 있으며, 강하다는 증거이기도 하다. 북한을 비이성적이거나 속임수를 쓰는 집단이라고 가정하는 것은 옳지 못하다. 그들도 전략이 있으며, 그 전략은 외부 환경에 민감하다. 그래서 대화와 협상을 통해 이들을 정확히 이해하려는 자세를 필수 전략으로 삼는 것이 중요하다. 그렇게 해서 획득한 상대방에 관한 정보는 우리에게 이익이 된다.

국제관계에서 상대방에 대한 이해는 매우 중요하다. 물론 무조건 공감하거나 보상을 줄 필요는 없다. 하지만 무엇보다도 대화와 협상 없이 압박만으로는 북한의 행동에 변화를 주기 어렵다는 사실을 직시해야 한다. 대화의 단절로 단호함을 보여줄 수는 있다. 하지만 이는 어디까지나 한시적 정책이어야만 한다. 협상은 임의의 선택이 아니라 현상 변경을 원한다면 반드시 선택해야 할 정책 의무다. 또한 북한과의 협상은 실용적 견해를 밝히는 과정이 되어야 한다.

비핵화와 평화체제, 평화공존, 그리고 한반도의 평화적 통일을 실현하기 위한 '대화'와 '협상'은 매우 윤리적이고 도덕적인 행동이다. 대화 자체가 비판의 대상이어서는 안 된다. 어떤 대화를 하느냐, 그리고 어떤 초기 및 중간 목표를 정하느냐가 더 중요하다. 그리고 이런 부분에 대한 치열한 비판은 오히려 대화에 도움이 될 것이다.

정상외교,
대통령의 시간

정성을 다했던
외교 준비

2022년 11월 21일 자 〈경향신문〉에 보도된 시진핑 주석이 G20과 APEC에 참석해 19차례의 정상회담을 진행했다는 기사에 눈길이 갔다. 시 주석의 첫 해외 방문은 그보다 몇 달 전에 우즈베키스탄에서 열린 상해협력기구Shanghai Cooperative Organization, SCO 정상회의였다. 그리고 G20, APEC으로 이어진 그의 정상 활동은 일정으로만 보면 매우 역동적이다. 세계 초강대국으로 부상한 중국의 지도자로서 미국, 일본, 유럽 주요 국가 정상들과 연쇄회담에 이어 아프리카, 중동, 중남미 정상들과 연쇄회담을 진행했다는 사실 자체만으로도 코로나 팬데믹 이전의 중국과 오늘의 중국이 다른 중국임을 미루어 짐작할 수 있다.

문재인 정부 기간에 비서관과 외교1차관을 역임하며 주요 정상회담의 기획과 내용을 담당했던 실무자 입장에서 19차례의 정상회담을 준비한 중국 참모진들이 얼마나 고생했을까 하는 생각과 시진핑 주석은 19차례의 정상회담을 위해 마련한 말씀자료를 얼마나 소화하고 자신의 언어로 만들어 준비했을까 하는 호기심이 들었다.

2021년 12월 15일 문재인 대통령 내외를 태운 공군 1호기가 3박 4일 일정의 호주 국빈방문을 마치고 성남비행장에 착륙했다. 나는 외교1차관으로서 문 대통령의 해외순방을 수행했다. 공식 수행원들은 전용기가 멈추자마자 전용기 앞쪽의 회의실로 모여 대통령 내외가 나오기를 기다렸다. 곧 대통령 내외가 전용공간에서 나와 공식 수행원들과 인사했다. '수고하셨다.', '좀 쉬었느냐?' 등의 인사를 주고받았다.

그런데 대통령의 눈이 충혈되어 있었다. 김정숙 여사는 대통령께서 비행 중에 쉬지 않고 우즈베키스탄 대통령 방한 관련 자료를 보셨다고 한숨을 쉬며 말씀하셨다. 문재인 대통령은 이틀 뒤인 12월 17일에 우리나라를 공식 방문하는 미르지요예프 대통령과 회담을 위해 '열 시간의 비행 동안 정성스레 준비하셨구나.'라는 생각이 들었다.

문 대통령은 참모들이 올린 말씀자료를 꼼꼼히 읽을 뿐만 아니라, 자신의 의견을 피력하거나 더 정확한 통계를 요구했으며, 자신의 언어로 바꿔 표현하기도 했다. 그는 상대가 어느 나라든지 정성을 다하는 외교를 했다.

정상회담은 많은 사람이 준비하지만, 정작 정상회담이 진행되는 그 시간부터는 오롯이 정상의 시간이 된다. 얼굴을 마주하고 하는 정식회담부터 다자회의 중간 중간 쉬는 시간에 열리는 정상들 간의 환담, 그리고 서로 짧은 시간을 내서 진행하는 약식회담pull-aside까지, 이 모두가 정상의 역량이 나타나는 순간이다. 보좌진이 준비한 자료를 공부하고 자기 것으로 만들어 머리에 기억하고 그 내용을 자신의 언어체계로 표현할 수 있는가는 정상이 이를 얼마나 정성스레 사전에 준비했는가에 달려 있다.

해외순방을 준비하는 그 순간부터 전용기가 방문국에 착륙하는 그 시간까지 차분하게 정상을 준비시키는 일은 참모들의 역할이다. 그런데 정상과 참모진 간의 소통도 중요하지만, 정상에게 시간적·공간적 여유를 확보해 줘서 자기 나름대로 '열공'할 시간을 제공할 필요도 있다. 즉, 회담의 최종 준비는 대통령 자신에게 달려 있다. 얼마나 '대통령의 시간'을 충실히 보내느냐가 회담의 성패를 좌우한다.

막상 현장에서 정상회담 일정이 시작되면 가장 바쁜 시간을 보내는 사람은 대통령이다. 그렇기 때문에 무대에 오른 우리 정상이 최고의 실력과 준비로 상대를 맞이하게 해야 한다. 물론 상대 정상도 마찬가지라는 가정하에 말이다.

'외교의 꽃',
정상회담

정상회담에서 '정상', 그러니까 대통령의 개인 역량은 임기를 지속할수록 경험이 쌓이면서 늘어 가기 마련이다. 하지만 얼마나 정상이 '열공'의 시간을 보내느냐와 얼마나 그 현안에 관한 철학이 투철하냐는 중요한 문제다. 그에 따라 국익이 결정되기도 하기 때문이다.

물론 서로 간의 국익을 얼마나 조화시킬 수 있는가는 참모진이 정상에게 사전에 제시한 옵션에 따라 결정되기도 하고, 그런 옵션을 정상이 미리 준비해 가기도 한다. 아무튼 정상의 역량은 얼마나 그 회담을 정성스레 준비하고 어떻게 현장에서 그 역량을 발휘하는가에 따라 결정된다. 정상회담을 '외교의 꽃'이라고 하는 이유도 바로 이 때문이다.

2019년 4월 10일 문재인 대통령은 미국을 방문했다. 문 대통령에게는 하노이 북미회담 이후 처음으로 트럼프 대통령과 펜스 부통령, 폼페이오 국무장관, 볼턴 안보보좌관 등 미 행정부의 주요 외교안보인사들과 만나는 1박 3일의 빡빡한 일정이 놓여 있었다. 당시 회담 주요 의제로는 하노이 이후 한반도 평화 프로세스를 위한 한미공조, 미국의 대 이란 제재를 앞두고 한국의 영향 최소화 방안 등이 있었다.

워싱턴에 도착한 10일 오후, 나는 대통령 부속실에서 그날 저

녁을 함께하자는 전갈을 받고 백악관의 영빈관인 블레어 하우스로 갔다. 블레어 하우스 다이닝 공간에는 대통령과 외교장관, 안보실장, 주미대사 등이 와 있었다. 대통령은 다음 날 있을 4건의 연쇄회담(부통령→국무장관→대통령⟨소인수 및 확대⟩)을 앞두고 자신의 생각을 차분히 설명하면서 참모들에게 의견을 물었다. 대통령은 꼼꼼히 준비했고, 논리도 명확했으며, 미국 측 상대의 예상 발언까지 꿰고 있었다. 대통령은 미국을 포함한 강대국일수록 우리나라의 이익을 지키기 위해 당당히 발언하고자 했다. 그렇게 할 수 있었던 이유는 충실히 '대통령의 시간'을 보내며 회담을 준비했기 때문이라고 생각한다.

정상회담은 차분히 진행되는 경우가 다반사다. 오고가는 발언들을 외교루트를 통해 사전에 상호 조율한 '약속대련' 같은 회담이 될 때도 있다. 양측 정부가 미리 조율한 사안이 많으면 회담이 일종의 왈츠처럼 정무, 안보, 경제, 문화 등의 순서로 부드럽게 진행된다.

특별한 현안이 없더라도, 양측 정상이 만나 양국의 좋은 관계를 확인하려는 목적으로 진행되는 정상회담도 있다. 이때는 서로가 다 아는 당연한 이야기를 주로 한다. 이를 'Stating the Obvious'라고 하는데, 우리말로 하면 당연한 말씀을 서로 주고받는 대화다. "양국의 관계가 꾸준히 발전하고 있습니다. 인적교류가 활발히 진행되고 있는데 더욱 강화합시다. 글로벌 현안에

평화의 힘

관한 양측 입장이 같으니 국제무대에서 협의를 잘 해 나갑시다. 조만간 각하의 방문을 고대합니다." 등의 발언을 주고받으며 서로의 우호관계를 확인하는 회담도 있다.

물론 그 '당연한 말씀' 속에 자국의 관점을 넣어 발언하기도 한다. 예를 들어, "유엔을 통한 다자주의의 정통성 확보가 중요하다. 진영 논리는 오히려 국제안정을 깨트린다."라는 발언은 너무도 당연하게 들리지만, 곱씹어 보면 국제법을 지켜야 한다는 입장을 고수하고 특정 국가에 너무 편승하면 안 된다는 말로 들리기도 한다. 이때는 그야말로 상대 정상의 발언 속 행간을 잘 파악할 필요가 있다.

참모진이 긴장하는 정상회담도 있다. 양측의 현안이 풀리지 않은 채로 정상 선에서 논의를 진행하는 회담이다. 이때는 주로 자국의 경제적 이익과 직결된 경제현안이나 안보사안에 대해 서로 다른 입장을 유지하거나 확인하는 시간이 된다. 때로는 정상회담장의 긴장감이 높아지기도 하는데, 이러면 소위 '불편한 침묵Uncomfortable Silence'이 흐른다. 시간은 제한되어 있고 해야 할 발언은 많은데 서로의 입장 차마저 확인되면, '아, 무슨 말을 해야 하지?' 하는 생각이 들기 마련이다. 이때 회담장에 정적마저 흐르면, 참모들 입장에서는 시선 처리가 안 될 때도 있고, 테이블에서 마주하고 있는 자신의 카운터파트너와 '그것 봐. 내가 뭐랬어?'라는 식의 눈빛을 교환하기도 한다.

이럴 때, 어떤 정상은 그 현안을 담당하는 장관에게 발언권을 주기도 한다. 지목받은 장관은 정상보다 좀 더 세게 발언하기도 한다. 자국의 요구를 더 명확하게 밝히기도 하고, 때로는 국내적으로 자국 정부가 놓여 있는 상황을 설명하기도 한다. 이를 설득이라고 해도 좋고, 아니면 우리 입장에는 변화가 없다는 시그널로 봐도 좋다. 분위기가 이쯤 되면, 보통은 어느 한 쪽에서 "그러면 이 정도로 하고, 다시 실무협상을 지속하도록 하자."라는 식으로 발언하고 마무리한다. 정상 선에서 얼굴 붉히고 결렬을 선언하면, 양국 실무진의 유연성과 협상력이 소진되기 때문이다.

여기서 한 가지 덧붙이자면, 정상 간의 인간적 신뢰와 우애가 중요하다. 서로 간 임기 중에 많은 시간을 마주 앉아 소통의 시간을 갖다 보면 역지사지의 마음이 생기기도 한다. 양국이 처해 있는 국내·국제적 상황을 잘 인지하고 있다면, 정상 간의 소통은 풍부해지고 진솔해진다.

물론 대통령이 양국 관계의 모든 것을 결정하지는 못한다. 그러나 대한민국의 국력이 강해지고 국제사회로부터 기대가 높아질수록 외교 현장에서 대한민국 대통령의 역할은 커지기 마련이다. 이와 동시에 국내에서 지지를 많이 받는 대한민국 대통령이 한반도에서 평화를 추구할수록 국제적 지지는 높아진다.

문재인 대통령 재임 5년 동안 많은 해외 정상이 대한민국 대통령을 만나고자 했고, 한반도 평화 프로세스를 적극적으로 지

평화의 힘

지했다. 물론 외교적 수사라고 할 수도 있을 것이다. 그러나 유엔총회와 아세안 정상회의, 기후환경정상회의, G-7, G-20 정상회의 등에서 문 대통령을 공식·비공식으로 만난 각국 정상들은 한반도에 평화를 정착하기 위해 노력하는 대한민국 정부에 지지를 표했다.

평화를 추구하는 것만큼 국제사회에서 보편적이고, 가치 중심적이며, 용기 있는 일이 있을까. 평화의 언어와 정책을 사용하는 대한민국 대통령이 용기를 갖고 한반도 평화 프로세스를 구현하고자 할 때, 전 세계는 대한민국을 지지할 것이다. 한반도의 평화를 만들고자 했던 문재인 대통령의 외교안보팀 일원으로서 오로지 국민의 온전한 일상을 지키기 위해 한반도 평화 프로세스를 뚜벅뚜벅 추진하며 보냈던 시간을 영광으로 생각한다.

에필로그
평화의 미래, 용기

'流水之爲物也 不盈科不行(유수지위물야, 불영과불행)'

'흐르는 물은 구덩이를 채우지 않고서는 앞으로 나아가지 않는다.'라는 맹자의 말씀이다. 줄여서 '불영과불행'이라고도 한다. 나는 어려서부터 외국에서 공부한 탓에 한문을 많이 알지 못한다. 그러나 10여 년 전 직장의 선배 교수가 알려 준 이 맹자의 말씀은 정부에서 일하면서 마음에 깊이 새기는 말이 됐다.

한반도 평화 프로세스가 하노이 북미정상회담 이상으로 나아가지 못한 이유는 북미 간 신뢰의 웅덩이를 채우지 못했기 때문이다. 단번에 성공하리라고는 생각하지 않았지만, 북한과 미국 앞에 놓여 있던 구덩이는 생각보다 깊었다. 실제로 얼굴을 마주하고 진지하게 협상한 역사가 짧은 미국과 북한이 비핵화라는 거대한 협상을 처음부터 원만하게 진행할 수 있으리라고 기대하는 것 자체가 무리였다. 한반도 평화 프로세스가 하노이에서 만난 구덩이를 채우는 시간을 지속할지, 아니면 평화의 물줄기 자체가 말라 버려 한반도 평화 프로세스 자체가 고사할지 걱정이다. 어쨌든 지금 한반도 평화 프로세스는 멈췄다.

청와대에서는 "실력이 운명"이라는 말을 종종 하곤 했다. 이 정도의 실력과 능력이니 우리 운명도 이 정도라는 자책감이 들곤 했다. 하노이까지 미국과 북한을 끌고 왔지만 그렇게 끝난 것이 우리 잘못은 아니라 해도, 이것이 우리 운명이 된 이유는 우리의 실력이 그것밖에 안 되기 때문이라고 생각한 적도 있다. 여민3관의 옥상에서 경복궁과 세종로를 보며 '우리는 이렇게밖에 살 수 없는 것일까?'라는 생각을 끝내 떨쳐 버리지 못했다.

지난 5년의 시간은 길었지만, 순식간에 흘러간 듯하다. 우리의 시간은 끝났다. 하지만 2017년 5월부터 2022년 5월까지는 작심하고 나선 시간이었다. 한반도에 평화를 정착하기 위해서는 무엇보다 용기가 필요했다. 적대적 상대와 대화하겠다고 길을 나설 때도 흔들리지 않는, 굳게 작심하는 용기 말이다. 단언컨대 우리는 용기 있게 북한에 접근했고, 미국을 끌어왔다.

문재인 대통령 역시 작심하고 나선 길이었다. 임종석 비서실장은 대통령의 손을 꼭 잡고 함께 나아갔다. 정의용 실장은 자신의 인생을 걸고 뚜벅뚜벅 전진했다. 서훈 국정원장은 묵직하게 북한과 마주 앉았다. 많은 사람들이 스크럼 scrum을 짜서 용기를 내어 작심하고 버티고 버틴 시간이었다. 적대적 남북관계를 공존의 관계로 바꿔 보려 했던 용기, 남북 간 신뢰의 웅덩이를 채우고 북미 간 신뢰의 웅덩이에 물을 대고자 했던 용기, 누구도 대한민국의 허락 없이 무력을 사용해서는 안 된다고 말해야 했던 용기의 시간이었다.

대한민국이 움직이지 않으면 한반도 평화 프로세스의 물줄기는 마르고 만다. 그러면 한반도에서 평화는 시들게 된다. 한반도의 평화를 만들어 갔던 시간은 그간 들였던 노력과 찰나의 기쁨 또는 긴장을 감수해야 했던 시간이었다. 불현듯 나타난 어려움과 불편함, 그만하자는 생각, 고통스러웠던 비난과 조롱 등을 이겨내야 했던 시간이기도 했다.

정권의 임기가 5년으로 단 한 번에 끝나는 대한민국의 헌법체계에서 남북관계와 한반도 비핵화라는 거대한 위업을 달성하기 위해서는 정권 초기부터 진도를 내어야 함을 알고 있었다. 이는 김대중 정부와 노무현 정부를 겪어 보고 나서 얻은 결론이었다. 진보정부의 대북정책 이어달리기가 정권이 바뀌면 사실상 불가능해진다는 것은 자명한 사실이었다. 2023년 이미 그런 시대를 살고 있지 않은가.

우리가 맞은 개화기는 사실 고통스러웠다. 19세기 말부터 우리는 한반도에서 평화로움을 경험하지 못했다. 중국과 일본, 러시아의 제국주의 팽창 과정에서 소비재가 되어야 했다. 청일전

평화의 힘

쟁, 러일전쟁과 같은 제국의 전쟁터가 되어야 했다. 일본이 우리를 강제 병합한 이후에는 병참화와 약탈이 한반도의 현대화라는 미명하에 시행됐다. 우리의 역사는 그렇게 뒤틀어져 갔다.

해방은 분단으로 이어지고, 분단은 전쟁으로 공고화됐다. 우리의 삶은 긴장과 원한에 지배받았다. 그 사이에 한반도에 살고 있는 시민들의 온전한 일상은 파괴되기도 했다. 원한과 증오는 화해와 포용보다 더 힘이 세다. 그렇게 70년이 지났고, 그렇게 우리는 21세기를 23년째 보내고 있다. 솔직히 쉽게 끝나지 않을 것 같다.

다시 용기를 내야 한다

문재인 정부의 평화 프로세스에도 실책이 있을 것이다. 성취감보다 아쉬움이 더 큰 것도 사실이다. 하지만 한반도 평화 프로세스를 정책적으로 진화시키는 일은 연속성 측면에서 매우 중요하다. 따라서 정권의 부침이 있더라도 대북정책의 이어달리기는 계속되어야 한다. 그러나 윤석열 정부의 대북정책은 기본적으로 역대 남한 정부의 평화통일정책에서 이탈하고 있다는 생각을 떨칠 수가 없다.

학교로 돌아온 후, 나는 '박정희 대통령은 도대체 무슨 생각으로 이후락 중앙정보부장을 북으로 보냈을까?'라고 혼자 중얼거려 보기도 했다. '냉전이 해체되던 시기, 노태우 대통령은 진정 한반도 비핵화선언이 유지될 것이라고 믿었을까?', '남북정상회담을 추진했고, 김정일 위원장과 마주 앉았던 김대중 대통령은 속으로 무슨 생각을 했을까?', '평양에 가기 위해 군사분계선을 걸어서 넘어갔던 그 순간, 노무현 대통령은 어떤 마음이었을까?' 등과 같은 질문도 해 봤다. 문재인 대통령이 참모들에게 "우리가 나선 이 길은 작심하고 나선 길"이라고 말했을 때, 그 의지는 어디서 나왔을까 하는 생각이 들기도 했다.

보수와 진보의 진영도 다르고 대통령이 된 경로도 다른 이전 대한민국 대통령들은 한반도에서 전쟁을 막기 위해 각자 나름의 어려운 결심을 했다. 나는 박정희 대통령의 7·4 남북공동성명, 노태우 정부의 남북기본합의서와 한반도 비핵화선언, 김대중 대통령의 6·15 공동선언, 노무현 대통령의 10·4 선언, 문재인 대통령의 4·27 판문점선언과 9·19 평양공동선언 등을 한반도 평화를 위해 대통령이 용기를 내어 내린 결단의 역사적 증거라고 본다. 남북의 여러 선언과 합의 뒤에 서려 있는 대통령들의 어려운 결단은 용기가 없었다면 불가능했다. 그러나 윤석열 정부는 북한이 우리에게 내보이는 증오에 증오로만 답하고 있다.

평화의 길은 매우 험난하고 긴 여정이다. 대한민국의 어떤 정부든 매우 당당하고 실리적으로 우리의 문제를 해결해 나가야 한다. 선언적 의미로서의 평화가 아닌, 한반도의 진정한 평화는 과정과 목표로서 일련의 정책과 집행, 정치적 노력이 있을 때만 가능하다.

평화와 번영은 후세에게 물려 줘야 할 유산이어야 한다. 이 책임을 이행할 때, 평화로운 한반도에서 우리 후손들이 공동의 번영을 누릴 수 있는 공간이 확보된다. 전쟁의 참혹함과 적대적 분단의 고단함과 그만큼의 원한을 잘 알고 있는 우리에게 평화보다 더 중요한 가치는 없어야 한다. 한반도의 비핵화는 한 걸음 한 걸음 뚜벅뚜벅 점진적으로 해결할 수밖에 없다. 북한이 원하는 적대시 정책의 해소와 비핵화를 동시행동 원칙에 의거해 점진적으로 교환해 나가며 상호 신뢰를 축적해야 한다. 이 모두가 필수 과정이다.

평화 프로세스를 포기해서는 안 된다. 결국 평화를 향한 믿음이 확고할 때, 그리고 이를 위한 용기를 얻을 때 우리는 평화의 길을 향한 한반도 평화 프로세스를 재개할 수 있을 것이다. 이 과정을 또 걸어갈 용기가 과연 지금 서울과 평양 그리고 워싱턴에 있을까? 우리는 북한과 다시 마주 앉을 준비를 하고 있는가? 우리는 한 번 더 용기를 내야 한다.

평화의 힘

문재인 정부의 용기와
평화 프로세스에 관한 기록

최종건 지음
ⓒ 최종건, 2023

초판 1쇄 인쇄일 2023년 6월 12일
초판 1쇄 발행일 2023년 6월 20일

ISBN   979-11-5706-294-2(03340)

기획편집   배소라
책임편집   이형진
디자인   이혜진
마케팅   최재희 신재철 김지효
인쇄   천광인쇄사

펴낸이   김현종
펴낸곳   (주)메디치미디어
경영지원   이도형 이민주 김도원
등록일   2008년 8월 20일
        제300-2008-76호
주소   서울특별시 중구 중림로7길 4, 3층
전화   02-735-3308
팩스   02-735-3309
이메일   editor@medicimedia.co.kr
페이스북   facebook.com/medicimedia
인스타그램 @medicimedia
홈페이지   www.medicimedia.co.kr